"互联网+"时代
高校学生管理模式的
变革与创新

史建芳　张琳君／著

中国华侨出版社

·北京·

图书在版编目（CIP）数据

"互联网+"时代高校学生管理模式的变革与创新 /史建芳，张琳君著.
—北京：中国华侨出版社，2022.1
ISBN 978-7-5113-8675-5

Ⅰ.①互… Ⅱ.①史… ②张… Ⅲ.①互联网络—应用—高等学校—学生—学校管理—研究 Ⅳ.①G645.5-39

中国版本图书馆CIP数据核字(2021)第238305号

"互联网+"时代高校学生管理模式的变革与创新

著　　者 / 史建芳　张琳君

策划编辑 / 李新承

责任编辑 / 姜　婷

经　　销 / 新华书店

开　　本 / 710毫米×1000毫米　1/16　印张/ 12.25　字数/ 260千字

印　　刷 / 天津格美印务有限公司

版　　次 / 2022年1月第1版　2022年1月第1次印刷

书　　号 / ISBN 978-7-5113-8675-5

定　　价 / 49.00元

中国华侨出版社　北京市朝阳区西坝河东里 77 号楼底商 5 号　邮编：100028

编辑部：（010）64443056　　　传　真：（010）64439708

发行部：（010）88189192

网　址：www.oveaschin.com　　　E-mail：oveaschin@sina.com

如发现印装质量问题，影响阅读，请与印刷厂联系调换。

　　高校学生管理是高校教育教学工作的重要组成部分，也是一门应用科学，是一个理论性和实践性很强的科研课题，它涉及政治、经济、文化和教育等诸多方面。现阶段，我国尚未真正形成学生管理工作系统的理论和科学的模式，改革开放之后，各高等学校对学生管理工作都十分重视，投入了大量的人力、物力、财力；学校的学生管理干部认真贯彻党的教育方针，围绕学校培养目标，大胆实践，对高校学生管理工作改革作了有益的探索，积累了一定的经验，但仍然存在着一些问题。对高校学生管理工作改革与创新的研究，是高校实现培养合格人才目标的迫切需要，是高校学生管理工作实现科学化和高效化的迫切需要，是 21 世纪我国高校管理体制改革和发展的必然要求。

　　本书共分为八章，第一章主要阐述高校学生管理的内涵、指导思想与准则、管理对象与任务、特点和作用；第二章对高校学生管理问题及问题成因分析进行了探讨，提出当前学生管理工作中存在的问题，并对所造成问题的原因进行了详细的分析；第三章阐述了学生管理队伍存的问题及学生队伍的建设路径；第四章主要阐述了构建高校学生管理模式的理论基础和基本原则；第五章从高校学生管理模式方面进行了研究探讨，分别论述了高校学生人格化、制度化、社区化，以及社会实践规范化管理模式；第六章对学生管理模式理念进行了创新研究，阐述了学生管理模式理念的意义、实质和内涵，对现有的理念提出了创新路径；第七章阐述了高校学生管理新模式的构建，分别论述了对现有管理模式的反思，以及创新思路的提出，并且对新模式的构建、新模式的特点，以及新模式的关键因素进行了详细的分析；第八章主要介绍了新时期高校学生管理模式的发展趋势。

在新的形势下，高校学生管理模式的创新是在继承的基础进行，是在坚持经过实践检验的行之有效的经验和做法，针对工作中面临的新形势新任务所进行的大胆探索。其次，这种创新是实践的基础上创新，是我们对学生教育和管理工作中的大量第一手材料进行综合分析、深入研究、在不断总结实践经验的前提下，针对实践中遇到的新情况新问题所进行的大胆探索。脱离实践，闭门造车，仅靠摆摆"花架子"，创新同样无从谈起。再次，这种创新是在与时俱进基础上的创新，是我们在正确认识和把握学生管理工作发展变化客观规律的前提下，按照体现时代性，把握规律性，富于创造性的要求，为实现工作的新发展新突破所进行的大胆探索。离开了与时俱进的要求，思想僵化，固守老经验老做法，创新更是无从谈起。

本书在撰写的过程中，参考了大量专家学者的研究成果，在此表示诚挚的感谢！由于学识水平有限，书中难免有疏漏甚至谬误，期望广大专家学者给予批评指正。

目录

contents

第一章 绪 论

第一节 高校学生管理概述

高校学生管理是高等学校领导和管理人员为了实现高等学校学生的培养目标，按照国家的教育方针和各项政策法令，科学地、有计划地对学校内部的人、财、物、时间、信息等进行组织、指挥、协调并对其进行预测、计划、实施、反馈、监督等的一门管理科学。

高校学生管理作为学校管理的重要组成部分，具有十分广泛而深刻的内涵。首先，它要研究管理对象（青年大学生）的生理、心理特征，知识、能力结构，兴趣爱好及社会氛围对他们的影响，掌握他们的思想变化及教育管理的规律。其次，它要研究管理者本身（学生工作专职人员）必备的思想、文化、理论及业务素质，以及这些素质的培养和管理队伍的建设。最后，它还要研究学生管理的机制和一般管理的原则、方法，以及学生在学习、生活、课外活动、思想教育中的具体管理目标、原则、政策、法规等。

高校学生管理是一项教育工作，它具有教育科学所包含的规律，它也是一项具体的管理工作，具有管理科学所包含的规律。大学生管理是高等教育学和管理学交叉结合产生的一门综合性应用学科，它同所有的管理科学一样，研究的主题是效率，当然具体研究的课题是大学生管理的效率——最有效地达到大学生的培养目标。中国大学生管理，就是要寻求按照党和国家的教育方针，实现培养德、智、体诸方面发展的专门人才的最佳方案，最佳计划、决策，最佳管理体制、组织机构，最佳操作程序。它涉及很多学科：高等教育学、社会学、心理学、管理学、行政学、统计学、控制论、信息论、系统论等。因此，研究中国大学生管理必须广泛运用各种有关的科学理论来分析，这样才能使从事学生管理工作的同志用科学的管理指导思想和科学的管理手段进行有效的管理。

对大学生进行严格管理的过程中，要正确处理以下两种关系。

第一，学生管理与规章制度的关系。高校学生管理要通过制定并实施必要的规章制度来实现。教育部根据党和政府的教育方针、青年大学生成长的特点，以及长期以来的工作经验，已经制定了《普通高等学校学生管理规定》，这是对大学生进行科学管理的一个基本的法规性文件。各高校也结合自己的实际情况，整章建制，制定了一系列的规章制度。学生管理的实践反过来又丰富了规章制度的内容，使之更全面化、科学化。

第二，学生管理与思想政治教育的关系。在强调管理工作重要意义的同时，不可忘记思想政治教育的重要保证作用。任何只强调严格管理而忽视思想政治教育，或只强调思想政治教育而置制度管理于不顾的做法，都是片面的，不可取的。因为管理也是教育的一种手段，教育又能保证管理的推行和实施，所以只有把严格管理与思想政治教育有机结合起来，才能使学校工作真正走上井然有序的轨道。

第二节　高校学生管理的指导思想与准则

一、坚持以学生为本的工作理念

以学生为本，第一，开展学生管理工作时，在深入调研了解学生的基础上，一切从学生的实际出发，从学生的需求和愿望出发，想学生之所想，急学生之所急，帮助学生解决成长中遇到的各种问题；第二，充分相信学生、尊重学生的主体性，重视发挥学生的自我教育、自我管理能力，在教育过程中突出教师的主导地位、学生的主体地位。

现在的大学教育似乎是同向化教育，在此基础上辅导员的引导起到了至关重要的作用。大学教育不像小学、初中、高中教育，是灵活的教育、多变的教育，有些选修课可以根据自己的兴趣来学习。在兴趣学习期间，辅导员的管理成了一项艰难的工作，但是在管理中怎样坚持以学生为本应成为辅导员在以后教学与管理中的一个中心问题。辅导员的管理不再是笼统的，没有计划的管理，而是以学生为本，所谓的以学生为本就是从学生的实际情况出发，以学生成才为主。俗话说管理就是服务，作为辅导员应该想学生所想，做学生所做。班级作为学校的重要的组织机构，其建设的好坏直接关系到学校管理的成败，影响着学校的教学素质。以学生为本成为教学的重中之重，成为走进学生内心世界的一个重要因素。学生的造反、逃课等一些不良的习惯不是因为自己淘气，而是对应试教育的一种抵抗。所以在现在的大学中，辅导员是学校与学生沟通的桥梁，是一个牵引的绳子，也就是所谓的中间人。这就在辅导员的面前提出了主题：怎样坚持以学生为本。

（一）理解管理的真正含义，实现教师与学生的互通

现在的学校，老师与学生的距离越来越远，沟通也越来越少，老师不能真正理解学生的实际意图，而学生更不能理解老师的良苦用心。在大学，辅导员相当于初中高中的班主任，而真正实现以学生为本的教学，就是从学生实际出发。真正的互通则是心与心之间的交流，而管理则是变相的服务。影响辅导员管理的因素有很多，其中有内因和外因之分。内因是辅导员需要赢得同学的认可，例如用博学的知识来赢得学生们的钦佩，有一种不服输的劲头，让同学和你一起奋斗一起学习，可以和同学打成一片，可以和同学心与心地交流，可以成为知己，成为朋友，成为一个倾听者。这些内因都可以实现教师也就是辅导员与同学的互通。而外因也有很多，如校园环境、管理结构等因素。在种种因素下辅导员的管理或许会有一定的困难，但是只要实现了沟通，实现了理解，那管理就是一件轻而易举的事了。辅导员的管理就是预测同学可能发生的事件而去提前预防，组织同学参加各种活动，增进同学之间的关系等。沟通成就未来，沟通促进发展。

（二）注重对学生素质方面的培养

以学生为本就是从学生的实际出发，在大学期间不仅要教导学生学习知识，更应该全面培养学生的良好素质，辅导员在这方面可以多加引导、指引。现在有些大学生注重学习，往往忽视了道德理念，辅导员就应该起到引导的作用，加强

学生的思想道德观念，把学生培养成全面人才。从现在的大学生自身发展状况来看，当代大学生正处在世界观、人生观、价值观形成与发展的重要时期，这个时期大学生的思想、道德心理等方面都有一定的发展。在这段时期就应有辅导员的引导与教育来培养大学生正确的三观。现在不管是在社会上还是在生活上都很注重思想道德修养的培养。思想道德是一个社会的准则，所以大学期间更应注重它的培养。

（三）在教学中要以学生为本

以学生为本就是把学生作为学校教育和管理的根本，就是时时处处把学生的利益放在首位，就是从学生的立场和想法出发来开展工作。但是以学生为本绝不是对学生的一味纵容和对所有想法的大力支持，也不是抛弃师生关系最基本最底线的道德要求和行为规范，以学生为本就是孔子所说的因材施教。这或许是最简单的解释。孔子所说的因材施教就应该根据学生本身来制订学习计划，这对于现在的教学来说是有些难度的，但是这个理念我们应该延续下去。中国学生应试教育做得很好，实际操作能力十分薄弱，其想象能力也十分缺乏。在现在的实际教学中，加强学生的动手能力和思维想象能力，才能培养学生成为全面的人才。辅导员要让大学生转变学习态度。知识是一个人成功的根本，学习是为未来投资积累。学习是真正的成功之母，是一个人成才的根基。但是现在的大学生认为考上大学就成功了，上了大学就浑浑噩噩度过了四年。转变大学生的学习态度才是关键，在大学里可学习的东西很多，可以让你充实地过完大学四年。在大学四年可以给自己设置一个目标，设置近期的目标、中长期的目标及远期目标。这些目标不能过大，要有一定的可行性，当你实现近期目标时就有信心继续实现下一个目标，这样不仅你在大学期间学到了知识，同时可以让你获得个人满足感及自信心。

在教学中，老师对学生不放心，生怕漏掉某些知识，所以把所有的东西都教给同学，每个课堂都满满的，没有给同学一点时间消化，同学就像填鸭式的被灌输知识，而课下就没有了探索，变成了一味地复习、做题，连实践的时间都没有，导致恶性循环。在此老师也应该多多思考，在教学中应使用设置情景式教学法。教学的方法有很多，如设置情景式教学、以游戏的方式教学等。这些方法在教学过程中使用的同时要注意培养同学的自主性，可以使用同学相互教学法，在实践中培养自主性，这不仅是一个新颖的教学方式，同时也可以让同学体会老师，树立课堂观念。这使同学在独立思考的同时，可以相互学习，增强学习的热情。教学是一个相当长的过程，同学在准备教学的时候会查阅很多资料，经过反复琢磨总结。这样的教学是有效的，是真正以学生为本。

（四）开拓、挖掘学生的潜力

总的来说，教育是以关心、关怀、关爱学生的健康成长为目的的，作为辅导员应该密切关注同学的言行、感情、心理等各个方面，只有这样正确地为同学着想，才有助于以学生为本，构建和谐校园。在日常教学中应开拓学生的潜力，辅导员应通过日常的细微小事来发现和挖掘多数同学的不同才华，这样才会使每个人受益。现在强调的是素质教育，而素质教育并不单单只是学习，而是德智体美劳全面发展，这样才是一个健全的同学。

现在的社会需要的是有能力、有思想、有内涵的年轻人，那么现在提出的以学生为本的教学，是从学生的实际出发，来使整个社会更加和谐。辅导员的引导与教育，是推动这个方针持续发展的一个重要因素，而培养学生的潜力则是推动以学生为本的另一因素。

在这个日新月异的社会，大学教育已逐步成为普及的现象，大学生在大学的生活与学习已成为家长、老师的一块心病。这不仅使老师深思，也同样使社会深思，而现在提出的以学生为本的教学理念已成为一个开拓大学教育的新理念。辅导员在管理中要实现以学生为本，不仅体现在学习中，还应在生活中的各个方面，在以学生为本的同时可以挖掘学生各方面的潜力。

二、坚持整体论、系统论思想

高高校学生管理系统是大学生成长成才的非常重要的系统，它又包括两个子系统，即思想政治教育系统和管理系统。思想政治教育系统包括以下诸要素，即：校党委办公室、宣传部、学工部、团委、德育教研室、马列部、基层各院系党总支、基层党支部，还有独立的或隶属于学工部的心理咨询中心。行政管理系统有校办、教务处、学生处、保卫处、总务处、网络管理中心、各院系行政部门等要素。有的人也把大学生的教育和管理系统称为"小三线"，即划分为三个系统，即指学校的教学科研系统、行政后勤管理系统和党团系统。笔者认为分为上面两个系统较为合适，其实"小三线"主要是思想教育和管理两个方面。所有上述内容直接或间接的要素组成一个整体，形成一个以学生工作部门为主体的，相互联系，相辅相成的大学生思想政治教育和管理系统。

（一）高校学生管理系统的目的性和层次性

高校学生管理系统具有鲜明的目的性，其目的就在于根据一定时期国家对人才质量的要求，按照大学生思想的特点与行为的变化的客观实际以及高等教育的规律，结合伦理道德和现代化的管理手段来教育和管理学生，将各种教育管理力量，包括学生干部的自身内驱力，政工干部、行政干部和教师的外在力，学校和有关部门，社会和家庭诸方面的影响力等与学生密切相关的有限时间、客观环境、各种信息、各类活动等，合理地进行组织协调，使之发挥最大的效益，促使学生德、智、体、美、劳全面发展。

系统论认为系统具有层次性，就是说系统内部的要素是相互联系、相互作用的，这种关系和作用一般显示出有序的层次，系统的性能不单单同组成它的要素的性质有关，而且同它们之间的关联形式有关。大学生的思想政治教育和管理是一个大系统，由一定的要素组成，同时这些要素又是由次一级要素组成大的子系统。例如，一所学校所辖的党委宣传部、组织部、学生部（处）、总务处、教务处、校团委以及院系办、年级、班组、团支部、班委会都有不同程度的学生思想教育和行政管理职能。它们既是大学生思想教育工作系统的组成部分，又是各自隶属的子系统，而且它们之间的关系如何是决定整个系统发挥作用的重要因素。

（二）思想政治教育和管理系统的整体效应

系统论认为任何系统都有整体性和环境适应性。整体性认为，作为一个系统，首先必须明确作为一个整体所体现的功能，系统中各个子系统的功能和它们之间的相互联系都要从系统整体的角度来加以协调和控制。环境适应性则认为，任何系统与各系统都存在于一定的环境之中，它必须与外部环境产生物质交换、能量交换和信息交换。环境和系统间的相互作用表现为由环境向系统输入信息、能量和物质，经过系统转换再向环境输出新的信息、能量和物质，经过系统转换，外部环境会影响系统的结构和功能。这在现实生活中表现为环境信息对大学生产生影响，内化为其思想，反过来再外化为行为，对外界产生反映，产生行动。为保证和形成系统的整体效应，必须按照系统的整体性和环境适应性原则的要求，来处理大学生思想政治教育和管理中的问题。

（三）思想政治教育和管理系统的控制和信息传输

所谓信息控制，就是德育系统中控制者作用于被控制者使其按照控制者的目的而行动的过程。也就是说思想政治教育和管理系统中的教育和管理者通过多种形式，影响作用于受教育和受管理者，使其按照该系统的目标和要求健康成长的过程。

在高校大学生思想政治教育和管理系统中，也可以把教育管理的主体（政工干部、教师、行政干部），看成一个子系统，把思想教育管理的客体（学生）看成另一个子系统。这两个子系统之间相互影响、相互作用，目标就是为了培养有理想、有道德、有文化、有纪律的"四有"人才；这两个相关联的子系统中，教育和管理的主体（政工干部、行政干部和教师），称为控制系统；另一个是教育管理的客体（学生），称为被控制系统。要发挥作为主体的政工干部、行政人员和教师的工作积极性，提高控制系统的工作效率。他们是进行教育和管理的主体力量，他们的一言一行对学生的思想、行为的变化都起到潜移默化的作用；教师要发挥教书育人的主导作用。要培养、锻炼和发挥客体学生自我教育、自我管理、自我塑造、自我发展的自控力。

大学生思想政治教育和管理系统目标的实现，也就是说整个过程的完成，其实质是一个信息过程，是信息收集、整理、加工、传输、反馈的过程，是通过教育和管理与大学生之间的信息的交流与传递而实现的，在整个信息的传递过程中，有四个基本要素，即思想政治教育与管理者（主体），受教育与受管理者

（大学生客体），思想政治教育与管理，信息源和信道（传媒）。首先，主体为了实现自己的教育目标，就要有目的地从信息源中收集相关的信息，经过自己的整理加工，通过一定的信道传输给客体，与此同时，客体也以不同的途径和方式直接学习或被动地接受信息源的信息。然后，主体要收集来自客体的反馈信息，并以此来调整自己的工作，在整个信息的传输过程中，都存在着外界的干扰。这些干扰有自然性干扰和人为性干扰两种。

主体是信息的传递者，它的主要功能是通过多种途径和方式排除干扰，有选择有目的地向受教育者传输德育信息。信息的接受者即客体大学生，应具有很强的信息接受和转换能力，具备听、写、读、观察、分析、辨别和抗干扰能力，明确接受信息的目的，掌握科学的接收和处理信息的方法技巧，与教育者关系融洽，心灵相通。信息的传输渠道，即信道，又称传媒。是信息传播的载体，它的主要功能是将信息不失真或者较少失真地传给客体。信息反馈是现代化管理的重要一环，在高校思想政治教育和管理系统中，它是不可缺少的基本要素。要使反馈的信息准确、及时、全面、有效，就必须建立纵横交错的、主体交叉的信息反馈系统。

（四）大学生思想政治教育和管理科学模式的构建

高等学校实行的是在党委领导下的校长负责制，但党政职能分开，党组织不能包揽行政事务。大学生教育和管理体制的建立也必须服从这个总原则。同时，按照系统理论中的系统原则、整体优化原则、控制力量原则、信息理论原则等，可建立一个合理的大学思想政治教育和管理体制的系统模式。

这种体制模式着重体现了以下特点：一是它体现了校（院）长全面负责、党委保证领导和监督的总原则，从组织上彻底解决了过去存在的党委负责教育，行政负责管理，管教脱节、虚实分家的两张皮的问题，实现教育和管理一体化，党政工团齐抓共管。二是这种体制的系统模式有利于统一指挥和上通下达。统一指挥是建立在明确的权力系统之上的，如果权力系统的权利是合理的，那么依靠权利系统内上下级之间的联系所形成的指挥系统就能正常运行，也就达到了便于控制的目的。三是这种体制的系统模式中，从校长到学校，从决策系统、指挥系统到执行系统的运行是灵活的，不存在多头领导和中间堵塞现象，从执行系统、指挥系统到决策系统的信息反馈系统也是畅通而有效的。

三、高校学生管理的原则

高校学生管理的原则是在高校学生管理过程中必须遵循的基本准则。高校学生管理原则的确定，主要依据高校学生管理的内在规律、实践经验及党的路线、方针、政策。新形势下，高校学生管理主要包括方向性、发展性、激励性和自主性等基本原则。

（一）方向性原则

高校学生管理坚持方向性原则，是涉及培养什么人、如何培养人的根本性问题。高校学生管理是高校办学的重要方面，是学校育人环节的重要一环，高校的主要目标是培养合格的社会主义事业建设者和可靠接班人，高校学生管理工作直接影响这一目标的实现。方向性原则是指确定高校学生管理的目标，进行高校学生管理活动，要与高校育人工作的总目标相一致，要与党和国家的教育方针、规范、政策和法律法规中规定的教育目标、管理目标等相一致。方向性原则是高校学生管理中具有决定意义的基本原则。只有坚持这一原则，才能促进高校学生管理沿着高等教育育人工作的总目标发展，才能保证高校学生管理的正确方向，才能有利于培养全面发展的社会主义事业建设者和接班人。坚持方向性原则，是高校学生管理的社会属性决定的，也是我国高校学生管理历史经验的总结。

高校学生管理中坚持方向性原则，关键需要做到以下三点。

1. 按时代需求及时调整管理目标

坚持方向性原则不仅体现在政治方向上，而且体现在管理是否能为党和国家的中心任务服务。不同时期，党和国家的任务是不同的，对人才的需求也是不同的。这就要求高校学生管理要紧扣时代主题，不断调整管理目标，创新管理模式。目前，发展是时代主题，经济建设是党和国家的中心任务，要根据这一中心任务制定具体的高校学生管理目标。

2. 增强管理者的政治意识

高校学生管理是具有鲜明的政治方向和价值导向的。任何社会的高校学生管理都是为一定社会、阶级服务的。不同社会的高校学生管理的目的、理念、任务、方式、方法等，是有着显著差异的。然而，在我们的管理理论和实践中，往往存在着忽视管理的政治功能和价值导向的现象。因此，体现高校学生管理的方向性，首要的问题就是增强管理者本人的政治意识，促进管理者有意识地在管理过程中思考管理的政治方向和价值导向。管理者要把方向性要求贯穿在高校学生管理全过程和具体的活动中。引导广大学生积极投身改革开放和社会主义现代化建设，在为祖国、为人民的不懈奋斗中实现自己的人生价值。

3. 以制度的合法性体现管理的政治导向性

坚持方向性原则，就必须自觉接受党的领导，其核心是坚决贯彻党的方针、路线、政策。学校的各项制度就是贯彻党的方针、路线、政策的主要载体，是一定社会政治方向、价值导向等的具体体现。因此，学校层面制定的各类高校学生管理相关制度，一定要与国家的法律、法规相一致。通过合法制度来保障高校学生管理的方向性。要注重把方向性原则融入制度建设和执行的全过程，使学生坚定社会主义的理想信念，在实践中成长成才。

（二）发展性原则

高校学生管理坚持发展性原则，包括两个方面：一方面是管理工作本身要不断发展，另一方面是通过管理促进学生的全面发展。从管理工作本身来看，随着我国社会政治、经济、文化的不断发展，社会生活发生了复杂而深刻的变化，高校学生管理工作的形势、环境、对象、任务发生了深刻的变化，这就要求管理的体制、机制不断变化，管理方式、目标、途径及时调整，以确保高校学生管理工作的实效。

在通过管理促进学生全面发展方面，关键是做到三点。

1. 要树立发展意识

思想是行动的先导，有什么样的发展理念，就会有与之相应的管理方式和结果。传统的高校学生管理重管理，把管住学生作为学生管理的出发点。个别管理者往往以强硬的制度规范、约束学生的行为，以训诫、命令代替沟通。这些方式往往会伤害学生的自尊心，挫伤学生的自主性，有悖于学生的全面发展。高校学生管理坚持发展性原则亟须转变传统的观念，要有意识地把学生全面发展作为管理活动开展的前提。在高校学生管理中，牢固树立促进学生全面发展的责任感和紧迫感，打破思维定式，以新的发展观念指导管理决策，设计管理计划，谋划学生的全面发展。

2. 要不断推动管理创新

通过管理促进学生全面发展，需要同时注重管理本身的发展，而管理的发展实际上是创新。服务于学生全面发展的管理创新就是在遵循高校学生管理规律的基础上，与时俱进，坚持继承与创新相结合，创造性地开展工作，促进学生全面成长和成才。目前，高校学生管理的机制、途径、方法与载体都是在过去的环境条件下，针对过去的情况产生的。但是随着社会经济的迅速发展，高校学生管理工作面临着新环境、新问题，大学生在思想上出现了迷茫和困扰，在观念上呈现出多元化特点。如果固守原有的管理方法必然不能较好地适应今天的需要，解决不了今天的问题。为此，创新高校学生管理工作成为时代和社会赋予的重任。

3. 要统筹各方面的资源形成促进学生发展的合力

一直以来，我们在高校管理的实践工作中都强调高校学生管理包括管理学生和服务学生两大方面。但在具体操作上，管理却总是多于服务。实践证明，把职业生涯规划、生活帮扶、大学生就业指导、心理辅导等贯穿管理始终更易于发挥学生的主观能动性、激发学生的创造性，从而促进学生的发展。要理顺学校各管理部门关系，通过部门间的相互协调，相互联系，从而将组织内部各个要素联结成一个有机整体，使人、财、物、信息、资源等得以最佳配置，形成促进学生发展的合力。

（三）激励性原则

激励性原则，是指高校学生管理中利用一定的物质手段或精神手段，引导学生思想行为的变化，调动学生的积极性、创造性，使学生的潜能得到最大限度发挥，从而实现管理目标的基本准则。在高校学生管理中，恰当运用激励性原则将使管理活动更易于被学生接受，更好实现管理的目标。

激励的效果取决于在激励过程中采取的手段、方式能否针对大学生的发展实际、能否满足大学生的需要、能否在大学生内心形成自我激励的内在动力等。因此，在高校学生管理中贯彻激励性原则，需要做到以下三个方面。

1. 运用正向激励手段

高校在学生管理过程中，科学、合理地运用激励机制，有助于调动大学生的能动性和创造性，改变大学生的观念、行为。正向的激励主要有两种：一种是物质上的，主要指金钱或是实物，物质利益的需求和满足是人生存和发展的一个必备条件。对学生进行一定的物质激励，有助于调动学生积极性、主动性；另一种是精神上的，主要指通过各种形式的表扬给予一定的荣誉。正向的激励有助于学生将外部的推动力量转化为自我奋斗的动力，充分发挥自身潜能，从而有效地激励学生成长成才。在高校学生管理中，要协调好物质激励和精神激励的关系，依据学生的实际采取相应的激励手段，确保管理效果。

2. 采取情感激发的方式

情感，是人格发展的诱因，是青年追求美好生活的动力。要确保管理目标的实现，一般都要有感情的催化。当管理者与学生平等对待、敞开心扉、相处愉快时，管理活动就比较容易开展；当双方针锋相对、互不理解时，学生往往产生抵触情绪，管理效果就会打折扣。因此要求管理者不仅要以制度约束人，而且要以真情感染人，注重沟通，消除疑虑，用欣赏的眼光去看待学生，使每一个学生的需求得以尊重、困惑得以解决、特长得以发挥。

3. 在管理中树立典型，通过榜样进行激励

榜样使人有目标，有方向。因此，要善于树立榜样，培养榜样，宣传榜样，并鼓励学生学习榜样、争做榜样、成为榜样。

（四）自主性原则

自主性原则是指高校在进行高校学生管理时，使大学生参与到管理过程中来，充分调动大学生的积极性和创造性，进行民主管理，实现自我管理和自我服务。

高校学生管理遵循自主性原则，是由两方面决定的。一方面有利于育人目标的实现。管理的目标是育人，这就要求将外在的行为规范转化为内在的思想观念，从而支配管理对象的行为。如果不调动学生的主观能动性，学生就难以接受管理，管理的实效性就难以发挥；另一方面有利于满足学生自主管理的现实需求。随着我国社会主义市场经济体制的不断完善，高等教育逐步走向经济社会发展的前台，市场经济的自主、平等、竞争、法治精神对高校师生的影响不断深化，大学生自主意识不断增强。大学生渴望在各项事务管理中充当主角，自己管理自己，充分发挥主观能动性，实现自我管理、自我服务。

高校学生管理中坚持自主性原则要做到以下三点。

1. 唤醒学生的自主管理意识

在高校学生管理过程中，要营造轻松、愉快、快乐的氛围，使学生的自主需求得到尊重；同时，要使学生体会到自主管理的成就感，享受自主管理收获的成果。

2. 加强对学生自主管理的指导

自主管理不等于放任自流，必须加强自主管理的指导，才能保证管理的方向和实效。怎样才能保证管理的方向和实效呢？有四方面的内涵，即明确方向，定准目标，告诉学生工作要达到的程度和要取得的效果；定好标准，明确思路，告诉学生怎样开展工作；做好监督，对学生任务执行情况进行跟踪观察，时刻关注工作进展情况；及时反馈，帮助学生及时调整方向，确保学生工作在正确的轨道上进行。

3. 打造学生自主管理的平台

辅导员要抓好班委会、团支部、学生会等学生组织为载体的自主管理平台，增强凝聚力、吸引力，建立定期流动机制和激励机制，充分保证学生广泛地参与到自主管理中来。作为辅导员，要敢于充分"放权"，敢于把高校学生管理工作交给学生，实现学生的自我管理、自我服务。

第三节　高校学生管理的对象与任务

一、高校学生管理的对象

所谓管理对象是指管理活动的承受者。随着人类认识的深化和管理的科学化、复杂化，不同时期、不同学派有不同的内容和见解：一是指管理活动所作用的各种具体对象。最初是人、财、物三要素，后增加了时间、空间，成为五要素，又增加了信息、事件，成为七要素。二是指管理活动所作用的特定系统，即把管理对象作为由多种因素组成的有机整体。系统与外界环境有信息、能量、物质交流。高校学生管理作为高等学校管理工作的重要组成部分，其相对应的工作对象无疑是指高校学生，从广义角度来看，这些学生应包括所有在高校求学的学生，即专科生、本科生、硕士生、博士生等。因为这些人都是高校学生管理活动的承受者。高校学生管理牵涉到诸多知识体系，包括管理学、教育学、青年心理学、政治学、人才学等，因此，高校学生管理是一门综合性、政策性很强的应用科学。它具有自己独特的研究对象，这个对象就是学生管理活动本质的、内在的联系及其发展变化的规律。

高校学生管理作为学校管理的一个重要方面，同其他管理工作一样，都是以教育领域某一方面的特殊现象和规律为研究对象的，它必然要受到教育领域总规律的支配与制约。因此，它又不同于管理工作的其他分类工作，具有相对的独立性。人们只有既认识到高校学生管理工作与其他管理工作的密切联系，又认识到它与其他管理工作的不同特点，才能真正揭示高校学生管理现象本身所具有的特殊规律，使之成为一门具有特性并富有成效的管理工作。

作为一门管理工作，一般而言，总要有相应的学科知识成为其所依循的工作方针，而一门学科的成立必须具备一个必不可少的条件，即它必须具有一套系统的范畴体系。范畴体系既体现了研究的角度，也展示了研究的内容，同时又表明了其相互间的关系。因此，准确而恰当地表述高校学生管理学的研究内容，最好的办法是确立这门科学的框架和范畴体系。高校学生管理工作要研究的内容应涵盖以下几方面：（1）学科理论的研究。其包括高校学生管理科学的性质、理论基础、研究对象和领域、主要研究任务、学科的地位和作用，高校学生管理的指导思想和原则，如何对历史的经验进行抽象和概括以纳入理论体系之中，如何移植、融合相关学科的理论，不断丰富、完善和发展高等学校学生管理科学等。（2）方法论的研究。研究高校学生管理科学的方法论，一方面要研究根本的思想方法；另一方面还要研究具体的管理方法，如思想政治教育管理、大学生社区管理、教学与学籍管理、校园文化管理（含网络管理）、奖惩制度管理、社会实践管理、社团管理、心理健康与咨询管理、就业管理、学生党员管理与党建管理、学生干部队伍管理、学生群体性突发事件的应急管理等方面的管理方法与手段。（3）组织学的研究。高校学生管理是一项系统工程，必须形成有效的网络系统，发挥最大的组织功效，如高校学生管理的组织领导体制、学生管理队伍的建设、学生管理的现代化趋势等，都必须做更为深入、全面的探讨。（4）学生管理制度与国家法律法规、中央相关政策、教育规律、教育法规、政治文明建设进程的相互关系以及相关政策法规和知识系统的研究。（5）学生成长规律、心理生理特点与管理工作的有机联系研究，青年群体之间相互作用关系与高校学生管理工作的互动共生研究。

二、高校学生管理的任务

高校学生管理工作的基本任务，不仅包括研究学生管理学的相关体系，即研究高校学生管理工作与活动的知识系统理论，而且更重要的是这种研究必须着眼于寻求学生管理工作本身所蕴含的特殊矛盾，领悟和把握学生管理工作的运行规律，以更好地运用于学生管理工作的实践之中，有力地推动高校学生管理工作。高校学生管理工作的主要任务有以下几个方面：（1）认真贯彻落实新的《普通高等学校学生管理规定》，遵循党的教育方针和学校的培养目标，为培养全面发展的高素质的人才服务。（2）系统总结我国高校学生管理工作的经验和教训。学生管理是一种既古老又年轻的社会现象，它伴随学校的产生而产生，有着悠久的历史传统和崭新的时代内容。（3）批判地继承历史上的高校学生管理工作遗产，借鉴国外学生管理工作的经验，吸纳教育学、社会学、政治学、青年心理学、系统管理学、文化学等相关学科的知识理论，构建具有中国特色的、符合时代精神的高校学生管理模式。中国是一个历史悠久的文明古国，先辈们在学生教育和管理中积累了丰富的经验，这是宝贵的历史文化遗产，应当批判地继承，做到古为今用。同时，还应大胆借鉴国外高校的学生管理工作经验，去粗取精、去伪存真、融会提炼、博采众长，做到洋为中用。这样才能构建起具有中国特色的高校学生管理理论体系，并以此来指导实践，形成高效的、有益于大学生身心健康成长和成才的学生管理模式。（4）加强科学研究，注重实践探索，不断发展高校学生管理工作的理论体系，推动高校学生管理工作模式健康运行。尽管学生管理工作有着丰富宝贵的实践经验和悠久的历史传统，但就总体情况而言，它与不断发展的中国特色社会主义的形势和发展趋势还存在着某些不适应，还面临着许多亟待解决的问题，无论是从理论要求上，还是从实践需求上，都需要科学化、理论化、法制化、人性化等诸方面的规范。因此，作为学生管理工作者，必须加强学生管理工作的科学研究，大胆探索，不断创新，切实把握新时期学生管理面临的新问题、新内容和新特点，努力用新方法、新思路和新手段去适应学生管理的新规律和新形势，使学生管理的理论与方式与时俱进，不断丰富和完善。（5）以理论创新推动实践创新，促进学生管理工作的科学化、法制化和人本化。如何体现其管理制度的科学化、法制化和人本化，这是一个理论研究的问题，不仅需要研究法律与青年学的相关理论，还需要研究管理学方面的理论，同时更应注重将管理学、法律学、青年学有机结合起来，形成理论上的创新，推动实践创新。因为，大学生的管理不是一般的管理，而是一种对青年的管理，这种管理是要将这些有着一定知识的青年培养成德、智、体、美全面发展的人才的管理，换言之，这种管理的最高宗旨是要促进学生全面发展，使其成为国家的建设者和接班人。这就使学生管理工作牵涉到一系列的理论研究与实践探索，这就是现实交给学生管理工作者的光荣而艰巨的任务。

第四节　高校学生管理的特点和作用

高校学生管理是学校管理的一个重要分支，是学生管理理论与实践的高度综合与概括。半个多世纪以来，我国高校学生管理的实践证明，对大学生的成功管理，要遵循高校管理的基本规律，把握住高校的特点。只有这样才能使高校学生管理产生积极的效益，确保学生成才。

一、高校学生管理的特点

（一）针对性特征

学生管理既然是管理，就不会离开管理学科的特点，它不可避免地要吸收国内外相关管理科学方面的理论知识体系和工作经验。但大学生管理不同于一般的管理，它有着自己的特殊性。这些特殊性至少表现在以下三个方面：（1）管理的对象是大学生（社会角色而言），他们本身就是一个特殊的社会群体，是一群掌握着一定基础知识和专业知识的潜在人才群体。（2）管理的对象是青年（生理心理角色而言），他们处于血气方刚、激情澎湃、感情冲动、充满朝气的人生阶段。（3）管理的对象是正在接受知识教育和思想道德教育的青年群体，他们是一个处于想独立而在经济上又不能独立的半独立状态的青年群体。

以上三方面的特点决定了高校学生管理的针对性，决定了高校学生管理必须涉及青年学、生理学、心理学、教育学、人才学和管理学等诸方面的知识体系。

从青年学（含生理学、心理学）的角度而言，应当看到，大学生管理面对的是朝气蓬勃的青年人，他们的世界观、人生观、价值观尚未完全定型，他们对异性的关注和对人生的理解，都有着这个时代的烙印，受到所处的时代环境的影响，与20世纪五六十年代生长起来的一代人是有着明显区别的。要管理好他们，就必须研究了解他们，要研究了解他们，就必须把握时代特征，要把握时代特征，就必须弄清楚这个时代的政治、经济、文化及科学技术发展大方向。

从教育学的角度而言，高校学生管理必须有利于青年大学生的成长，必须符合教育规律。换言之，就是大学生管理必须按教育学、人才学所揭示的规律来进行。比如大学生德育、智育、体育之间的关系如何在学生管理中有机融合的问题；知识的获得与能力的培养如何有机协调的问题；尊重学生个性与学校统一管理如何获得有效一致的问题；课堂教学与社会实践如何结合的问题等，都是需要认真研究探索的。

从管理学的角度而言，科学的管理从本质上讲是法治化、人性化的管理。管理的有效实施离不开规章制度的建设，而法律与规章制度的制定往往是以一定的理念为指导的。在法学中，指导法律制定的是法理（法律理论）；在政策学中，指导规章与政策制定的是政治理论和与政治理论相关的哲学理论。由于法律与规章及政策所针对的都是人，所以，都离不开对人的理性化认识。

（二）科学性特征

对于大学而言，建立一套集德、智、体及日常生活管理于一体的系统管理制度，其实质是一种约束和规范，即把学生的思想、情感、行为和意志等引导到国家所倡导的培养目标上去。这一活动目标的实现要求制度具有科学性，而高校学生管理制度的科学性至少应包括以下几方面的内涵：（1）符合法律法规。即要求学生管理制度符合国家的法律法规精神的要求。（2）符合学校的实际。学校的实际包括学校的层次类型以及学校所在地的地域人文风情。（3）符合大学生的生理心理特点。这就要求高校的学生管理制度制定者必须了解学生，既要了解大学生的实际情况，又要清楚培养目标与要求。（4）具有可操作性。作为管理制度，有理论指导，又与理论有所不同，其最大的特点就是它必须具有可操作性才能真正达到管理的目的，没有可操作性，再好的制度也只能是理论上正确而不能执行的制度。必须指出，在现实中确实有高校存在难以操作的正确的规章制度。

二、高校学生管理的作用

实现全面小康，需要千百万建设社会主义事业的专门人才，而高校在现代社会中是人才的"加工厂"，担负着培养人才的重大责任。高校学生管理工作是高校教育管理工作的重要一环，其责任总体上与高校的根本任务是一致的，这种责任决定了高校学生管理工作的重要作用。它主要反映在以下几个方面。

（一）育人的作用

高校学生管理是高校管理的重要方面，高校是人才培养的基地，高校管理是为培养人才服务的，高校学生管理更是直接针对大学生的，但这种管理却与一般意义上的管理不一样，它不是单纯的管理，而是带有教育性质的服务，即不仅要通过管理促进高校的有效运行，而且要通过管理达到教育目的，使学生成为高校的合格"产品"。也就是说，高校的学生管理是一种"管理育人"的管理，这种管理要与高校的教学、思想政治工作和心理健康教育等一系列工作有机结合起来，产生一种管理育人的效果，促使教育方针在高校真正得到落实。

（二）稳定的作用

高校学生是一个特殊的社会群体，他们具有青年的特质：朝气蓬勃、充满激情、追求真理、关心时事，但同时也有着青年固有的不足。他们在法律上是完全民事行为能力人，但从某种意义讲，他们在心理上却是准成年人。与其他同龄人相比，他们掌握着更多的知识，但较之真正的知识分子，他们的知识又存在结构上的缺陷和知识量上的不足。在全面建设小康社会的过程中，各种政治、经济、社会和文化等方面的矛盾必将反映到大学生中来，如果管理不到位，高校的群体事件就可能变为政治性群体事件，从而给社会的稳定带来威胁。因此，依法管理，预警在先，通过制定并实施符合学校实际的规章制度，引导大学生端正学习态度，明确学习目的，掌握正确的学习方法，养成良好的生活习惯，通过各种渠道和措施，为大学生建构良好的心理品质，形成稳定的情绪，从而保持学校的稳定，是高校学生管理的重要作用之一。

（三）增强能力的作用

高校是培养人才的场所，因此，高校的学生管理应有培养学生的功能，应发挥增强学生能力的积极作用。例如，社会实践的管理，可以增强大学生的社会实践和社会活动能力；实验室的管理，可以增强学生的动手能力；心理咨询可以提高学生自我认识、自我调节的能力；学生的党团活动可以提高学生对党团的认识水平等。

第二章 高校学生管理问题的思考

第一节 高校学生管理所面临的问题

一、管理观念陈旧

大学生管理工作是高校管理工作中的一个重要组成部分，它是维护学校正常教育教学秩序、保证大学生健康成长的基础性工作，是提高人才培养质量的重要保证。近年来随着招生规模的不断扩大和后勤社会化改革的不断深入，高校学生管理工作正面临着许多新情况、新问题。面对新形势，高校学生工作者必须创新学生管理，确立"学生至上""质量至上"和"服务至上"的管理新理念，通过强化学生管理，提高学生的成才率和就业率。

（一）高校学生管理理念创新的现实必要性

随着我国高等教育的大众化及高等教育改革的不断深化，高校学生管理工作面临许多新情况。

1. 学生素质状况的多样性

按国家规划，高等教育实现由"精英化教育"向"大众化教育"的转变。连续几年的高校扩招，使得越来越多的不同年龄层次、不同社会阅历、不同价值追求的人都有机会进入高等学府进修、学习，在校生数量的急剧增长、学生年龄的多层次性，使得大学生的素质状况呈现多样性，这给学生管理加大了工作量，增强了工作难度。

2. 学生价值观念的多元性

当前的高等教育在强调国家需要的同时，更趋向于人的个体需求与发展。

随着改革开放的不断深入，学生对各种思想、文化的接受和选择有了更广阔的空间，社会上的各种思想和价值观念必然对当代大学生产生巨大的影响，当代大学生价值观念呈现出多元性。

3. 大学生个体需求的务实性

随着高校收费制度的改革，学生原有的那种受教育者的观念正在逐步淡化，他们在接受学校教育的过程中主体意识进一步增强，在一定程度上将自己视为高等教育的投资者和消费者，将自己视为与学校处于平等地位的法律主体，他们不仅追求高等教育在未来社会生活中的价值和高等教育的学术价值，而且重视高等教育的直接消费价值和高等教育的条件与环境价值。大学生的需求以及与高校关系的变化，更加说明了他们已不再是精英教育阶段那种单纯受教育者，其个体需求呈现务实性。

4. 现代大学的多校区性

自1992年以来，国家对高等学校的结构、布局及管理体制进行了调整，许多高校都有两个以上的校区，办学地点较为分散。多校区办学已成为我国现代大学发展的重要形式。

学生工作面临的这些新情况，对传统的学生管理理念形成了挑战。显然，精英教育阶段那种过分追求意志统一和学生绝对服从而导致的重教育轻指导、重管理轻服务，只把学生视为接受教育和管理的对象而不把学生当作服务主体，只强调学校权利而忽视学生权利的管理理念，制约了学生个性的发展，影响了学生综合素质的提高。同时，我国多校区大学的管理现状还存在着许多不适应之处，突出表现在许多教育管理人员仍沿袭传统的单一模式和习惯，这给高校的学生管理工作带来了困难。因此，21世纪的高校学生管理首先必须对管理理念进行创新，并把这种理念创新既当作高等教育大众化条件下学校管理现代化的内容，又当作学校管理现代化的逻辑起点。

（二）高校学生管理理念创新的主要内容

针对传统的学生管理出现的新情况，学生工作者要迎难而上，认真探索，奋力作为，努力对学生管理工作进行创新，坚持以人为本，确立学生至上理念。

1. 做到为师爱生，树立学生主体的办学思想

学校以学生为本，没有学生就没有学校的一切。高校的学生工作不能仅仅停留在"管学生"上，也不能仅仅停留在维持秩序上，而应以学生为主体，把学生的需要当作第一需要，把学生的情绪当作第一信号，把学生是否满意当作检验学生工作的第一标准，本着对学生高度负责的精神，努力探索高校学生管理工作新思路、新制度、新措施，既对学生做到严格要求，又要做到善于引导，潜移默化。

2. 适应新的形势，加强学生管理制度建设

在学生管理实践中，学生工作者越来越感觉到当前的学生管理制度与国家法律之间存在着明显的冲突，学生的正当权益得不到保障。随着我国依法治国战略的实施，高校依法治校已成为高等教育改革与发展的根本要求。因此，高校要及时清理不合时宜的规章制度，做到学校内部管理规定与国家的法律、法规相统一。要依据国家宪法、高等教育法等法律，结合学校自身特点对学生管理制度进行全面修订。修订过程中要坚持以人为本，为促进学生的全面发展和个性发展营造宽松的环境和空间。管理方法上要以教育为主，处罚为辅，以学生利益为根本。管理制度建设将极大推动高校学生工作的改革和发展，加快管理工作的制度化、规范化和科学化建设步伐。

3. 转变思想观念，坚持育人为本的管理理念

学生管理工作作为人才培养的重要环节，高校应当确立以人为本的理念。"以人为本"就是坚持人的自然属性、社会属性和精神属性的辩证统一，这是学生工作者应树立的一种哲学理念。育人为本，是以人为本思想在学生管理工作中的具体化，是学生工作的根本出发点，这一理念是当前学生工作的必然选择。育人是教育的第一使命，提高学生的综合素质是学生工作的终极目标。因此高校学生工作者要把学生管理工作切实放到培养高素质人才这一价值目标上来，从学生的内在需要出发，引导学生树立远大的理想，养成良好的生活习惯，培养科学的学习方法，掌握过硬的专业技能，激发学生的内在动力，努力帮助学生形成正确的需要层次与结构。

（三）加强学风建设，确立质量至上理念

加强学风建设既是推进素质教育的客观要求，也是保证教育质量的重要前提。学风建设不仅仅是一个教学问题，它还是一项系统工程，需要思想教育工作、教学工作和管理工作等方面密切配合，齐抓共管。加强学风建设是一项长期任务，只有坚持不懈地抓紧抓实，才能收到实效。

1. 加强学风建设，激励学生成才

学风的好坏与一个学校学生管理水平的高低有直接的关系。加强学风建设必须通过对学生的思想教育和管理来实现，要采用各种教育管理形式、方法，引导学生明确学习的目的，端正学习态度，改进学习方法，提高学习效率，增强成才意识，树立献身科学、爱国成才、报效祖国的远大理想。可从新生入学开始，就强化学生的思想教育和严格学生管理，并通过扎实有效的活动、科学规范的管理，逐步提高学生的学习成绩与综合素质。

2. 重视教风建设，深化教书育人

优良的教风是促进学风建设的前提和保证，师德建设是优良教风的基础，高校要加强师德教育，注重对青年教师的培养。教师是教学活动的组织者、学生管理活动的实施者、提高学生综合素质的引导者，所有教师都应做到为人师表，以自己的人格力量和科学精神感染熏陶学生。广大教师应牢记教书育人的宗旨，自觉成为学风建设的指导者和实践者，在讲授专业知识时更要引导学生树立科学的世界观和方法论，掌握科学的学习方法。学校可建立学生公开评议、评选最满意教师制度，加大奖励和宣传力度。通过重视教风建设，带动学风建设，确保学生培养的质量。

3. 规范教学秩序，严格学生管理

规范的教学秩序是保障人才培养质量的重要环节。高校要强化学生考勤制度，既可通过任课教师严抓课堂教学纪律、严格考勤和检查作业，也可由班级指定学生专职考勤员进行考勤，同时还可以通过对学生住宿情况的检查进行考勤，以此确保学校正常的教学、管理秩序。系部要根据检查结果及时进行综合分析处理，防止意外事件的发生。此外，还要重点关注个别因迷恋于上网、玩游戏、谈恋爱等荒废学业的学生，建立和完善谈话预警制度，定期与学生家长取得联系，

让家长及时了解学生信息。通过建立规范的教学秩序，通过对学生的严格管理，来确保学生的培养质量。

（四）落实三大主题，确立服务至上理念

教育、管理、服务是学生工作的三大主题。传统的学生工作大多以管理为主，教育、服务功能较弱化，学生工作一直停留在较低水平。新形势下，高校需对三者之间的结合方式和它们各自的内涵重新审视和定位。为此，学生工作者要转变思想观念，转换工作职能，加强服务实践，自觉为学生做好服务工作，确立服务至上的理念。

1. 发挥教育在学生管理中的作用

教育是一个系统工程，不仅要加强对学生的文化知识教育，而且要切实加强对学生的思想政治教育、品德教育、纪律教育、法制教育等。这就对教育的内涵做了比较全面的界定。而对于高校学生教育内涵来说，就是要进行以创新教育为核心、思想政治教育为基础的全面成才教育。强化教育，一方面要突出学生的主体地位，尊重学生个性的张扬与优化，同时要打破统一思想、统一标准、统一布局的模式，注重教育的针对性和层次性。结合这一目标，学校可开展如新生入学教育、"基础文明月"教育、"诚信教育"等系列主题活动。教育的内容、形式、方法要能很好地适应形势发展和学生成才的需要。

2. 提高学生管理的科学化水平

学生管理必须从传统的依靠本本上的制度和手中的权力来管理的模式中解脱出来，在"以人为本"理念的指引下，健全管理制度，改进工作方法，注重人性化管理。管理制度不仅是管理的基础和依据，同时从文化的高度来看它也是一种导向。在科学管理的内涵中，制度作为一种文化，其导向作用应该得到充分发挥。学生管理制度建设，就是要发挥制度本身的正面引导和反面惩戒作用，通过动机激励、过程磨砺和利益驱使来激发学生成才的内在动力，从而使学生明确是非，权衡利弊，正确规范自身行为，正确选择、调整自身在学习和生活中的需要结构。此外，科学管理还包括管理的内容要从点上的管理到全面的深层次管理；管理的手段要变直接管理为主到宏观与导向管理为主；管理的主体从学生工作人

员为主到以学生自我管理与约束为主等。

3. 突出服务在学生工作中的地位

由于多年来，我们一直重管理、轻服务，因而在学生工作中引入服务的理念是一种进步。从当前高等教育的发展形势来看，学生工作中必须突出服务的地位，构建起全方位的学生成才服务体系，为学生的成长成才创造各种有利条件。市场经济的建立和高等教育大众化的发展，使高等教育成为一种消费，大学生越来越成为特殊的教育消费者。作为消费者，学生有权利要求高质量的教育，学校也更加有义务为学生提供优质服务。因此，能否为学生提供优质服务，最大限度地促进受教育者的身心素质的发展，已经成为高等学校学生管理理念创新的鲜明特点之一。高校要坚持服务至上的学生工作理念，建立符合市场经济发展要求的学生工作服务机制，为学生提供全方位的服务，可根据学生的不同需要、不同情况而采取不同的服务方式和方法。

4. 高校学生管理创新理念的落实途径

（1）树立全员育人意识，构建以人为本的管理模式

随着教育现代化的发展和教育改革的不断深入，以人为本的学生管理将最终取代传统的学生管理，学生至上、质量至上和服务至上的理念将深入人心，这是学生管理改革和发展的必然趋势。在深化教育改革中，最重要的就是真正确立学生的主体地位。只有真正做到把学生作为教育、教学和管理的主体，充分尊重学生的主体性，以人为本的学生管理体制的构建才会水到渠成。此外，学生管理工作是全方位的，涉及方方面面，因此不能将这项工作单纯看成学生工作者的任务。教育创新要求全员育人，学生管理工作不仅是学生工作者的责任，也是全校教职员工的责任。当前学生工作管理职能的发挥应把对学生的管理与全员育人的职能的发挥联系起来，要在全校教职工中树立"全员育人"的思想观念，形成全员育人的良好局面，并牢固树立"没有学生，就没有高校的一切"的思想认识，真正将"一切为了学生，为了一切学生，为了学生的一切"落到实处。

（2）加强学工管理队伍建设，改进大学生管理工作

一支精干、稳定的专业化的学生工作队伍，是做好学生管理工作的关键。学

生管理工作的教育属性决定了高校学生工作专业化的需要，从目前我国高校学生工作人员的组成结构来看，多数是本校各个专业的毕业生改行从事学生工作的，对学生管理工作积极性不高，而且大多数没有进行过专业的训练，专业化程度较低。因此高校要结合教学、人事制度等改革，对学工队伍加强培训和培养，从人员编制、专业培训、职称待遇等方面入手，主动关心学工队伍的建设，提高他们的待遇，从而切实解决学生工作人员不安心、非专业的问题，让学生工作人员安居乐业、守岗敬业、乐于奉献，把学生教育和管理作为自己潜心研究的学问、立志从事的职业和为之奉献的事业，自觉把学生管理创新理念与学生管理工作相结合，做到理论联系实际。可以说加强学工队伍建设是实现学生管理创新理念落实的根本。此外，高校还应重视党员、学生干部以及班主任队伍建设等。高校在加强队伍建设的同时，还应不断改进工作方法，要充分发挥学生的自我教育、自我管理和自我服务的"三自"功能，充分发挥学生骨干和学生党员的先锋模范作用，充分发挥学生的主体性和创造性。

（3）结合全面素质教育阶段目标，落实学生管理创新理念

高校的教育任务是为培养人才和提高劳动者素质打好基础。实施学生素质教育工程以培养学生的思想理念创新的鲜明特点之一。高校要坚持服务至上的学生工作理念，建立符合市场经济发展要求的学生工作服务机制，为学生提供全方位的服务，可根据学生的不同需要、不同情况而采取不同的服务方式和方法。

二、管理体制不完备

在信息化社会的影响下，中国高等教育有三个方面的转变：第一，高等教育由精英教育转为大众教育。第二，单一教育转为多元教育。课堂教学不再是高校舞台上唯一的主角。全面素质教育的开展让环节、实践、创业、实习、心理、体育等多种教学方式呈现。第三，"封闭式"校园转为开放校园。在互联网飞速发展的今天，数字校园成为学生最重要的第二课堂，为学生提供了更加广阔的网络学习和社交空间。

教育和社会背景的变化必将带来学生的变化，新时代的学生呈现三个新的特点：首先，活动不再局限于课堂，学生开始积极地参与课堂以外的各种各样的活

动，如创业、社会活动、实习等；其次，学习不再局限于书本，学生开始活跃于各种网络在线课堂，热衷于电子化知识的学习；最后，思想不再局限于被管理，学生开始有自己的主见和主张，崇尚个性，追求自我的实现。正是由于新时代学生的这些新特点，让我们的学生管理工作面临前所未有的挑战。

高校学生管理工作主要包括学业、安全、评价、服务、教育五个方面。目前学生管理中存在的顽疾很多。学业方面：某学生上课率低，是否因为厌学？还是另有他因？安全方面：某个学生失联，怎么找寻？怎么从前期的在校情况找出端倪？服务方面：管理者很多精力要应付学生的各类办事项目，何时能网上办事，并简化流程？如何能针对性地提供服务？评价方面：各类助奖学金、评优，如何准确地选取最匹配的人选？教育方面：如何有针对性地对学生提供思想政治和心理教育？以上均为一些具体问题，对这些具体问题进行总结，目前的高校学生管理工作呈现如下三个特点：（1）被动管理。由于管理者缺乏有效途径获取每个学生的实时情况，无法对学生主动关怀。常常是在异常发生后，管理者才去善后。这种亡羊补牢的方式让学生受到伤害，也让管理者每日疲于应付，身心疲惫却得不到学生和学校的认可。（2）群体管理。当前管理主要以班级为单位进行集体统一管理，开班会、班级活动等都是最主要的方式。但是在这个信息爆炸的时代，文化价值观多元化趋势日益增强，每个学生价值观、性格、兴趣爱好都千差万别，"一刀切"的群体管理方式已经漏洞百出。（3）粗放管理。当前管理重在管理学生上课情况和人身安全，常常采用点名、手工填表等粗放管理方式。而当今学生的校园和社交生活多姿多彩，学生思想活跃，个人意识增强，价值观容易受到社会影响，粗放管理方式不能发现学生的细微变化。现实中常常由于细微的忽视而酿成大错。

诸多学生管理方面的陈旧观念有待更新。在管理方面，各大高校已经采用加强辅导员队伍建设、引入心理辅导等多种办法来提升学生管理工作。在技术方面，当今互联网技术正渗透到各行各业，学生管理工作者需要思考怎么利用互联网技术帮助提高管理水平，让管理和技术有机结合，寻找提高学生管理工作水平的方法。

三、管理模式单一化

当前，高校学生管理工作手段和方式单一化是大部分高校普遍面临的一个非常重要的问题。这种单一化的模式不仅仅会影响到学生管理工作的质量和效率，而且对于管理水平的提高是极为不利的。一些高校采取的被动式和单向度的学生管理工作模式与现阶段在校生理解认知方式存在一定偏差，管理工作效果并不理想。

高校学生管理模式是高校在一定的管理理念的指引下，对学生不同的需求，基于不同的条件，朝着既定的人才培养目标和管理目标所做出的一种路径选择。从文献资料来看，国际国内对高校学生管理模式的研究较多，在实践中较有影响力的有柔性学生管理模式、学长制学生管理模式、主导服务型学生管理模式、班导制学生管理模式等。

（一）柔性学生管理模式

是指管理者在研究人们的行为规律和心理特征的基础上，在深入了解被管理者的前提下，采用非强制性的方式，对被管理者的心理及行为规律由他律转化为自律，由组织管理转化为自觉管理的一种人格化管理的新模式。

（二）学长制学生管理模式

是以辅助管理的角色介入，其要义在于通过精选高年级中优秀学生，以平等、博爱精神与新生实现良性互动，从而增进团结互助精神，加强纵向管理、横向交流的教育管理目的。

（三）主导服务型学生管理模式

主要是以学生为主体，以服务学生成长成才为工作目标，以完善服务体系和构建服务平台为基础，以提高服务能力和服务水平为重点，以规范健全服务制度为保障，通过建立健全科学的服务体系、规范的服务制度、高效的服务方式、专业的服务队伍，促进学生管理中教育、管理、服务的有机结合与和谐发展，以培养造就身心健康、全面发展、有个性并富有创新创业能力的高素质人才。

（四）班导制学生管理模式

是指辅导员、班主任、班主任助理、就业导师四位一体的管理模式。

以上四类传统学生管理模式在不同的历史时期和不同的学校都发挥了应有的作用，但随着高等教育逐步进入内涵式发展阶段，国家、社会、家庭对学生管理工作高质量育人效用的期待，这些传统学生管理模式的弊端日益显露出来，单就应用型人才成长需要和成才特点来看，主要体现在以下几个方面。

首先，高校学生组织机构既定的规章制度规定学生管理只能"按规定办""按通知要求做"，各学生管理部门只能干好自己分内的事，对需要即时处理但不属于自己管辖范围的问题爱莫能助。因此，程式化的学生管理模式效率较低、应变能力较弱。

其次，管理工作的预设对象大多是学生整体，如男生、女生，评优的学生、违纪的学生等，很难顾及学生个体。学生个体参与学生管理工作主体地位不突出，学生个性化需要得不到满足，有针对性的育人措施得不到充分发挥，学生管理效益较低。

最后，学生管理队伍缺乏专业化训练。院系党总支正副书记、团总支正副书记、班主任、辅导员等教师系列的学生管理工作人员对学生的生活、学习、安全、就业、心理健康、思想政治教育等工作都是一把抓，往往头疼医头，脚痛医脚，上边一有工作任务下达就集体冲上去，缺乏具体分工和相互配合，只追求任务的完成、问题的解决，很难给学生提供建设性的意见和预期性的指导，因此学生管理工作人员职业化、专业化水平较低。

四、管理的经费紧张

为保证学生管理工作的顺利开展，高校一般以在校本科、专科、研究生人数为标准，由财务处把学生管理经费和助困经费（统称为学生工作经费）直接划拨到各学院，各学院设专户管理。

但是，各高校学生管理工作普遍面临活动经费紧张的实际问题，每个学期的经费数额比较小，基本不能或是仅仅能够满足学生管理活动的需求，没有办法从工作发展和建设的角度制定经费使用预算。长此以往，将对学生管理工作的开展带来阻碍，甚至会影响到学生管理工作发展中长期计划的制订和实施。

五、管理人员不充足

长期以来，很多高校往往将目光更多地投向师资和基础设施建设上，忽视了辅导员、专职班主任等学生管理力量的整合和补充，造成学生管理工作者不配套、素质参差不齐。具体表现在：（1）辅导员、专职班主任数量严重不足，达不到教育部要求的学生管理人员与学生1∶120～1∶150的比例。（2）辅导员、专职班主任培训少，缺乏进修和再提高的平台和机会，对新形势认识不深，对新的学生管理理念和方法了解和掌握不足，限制了学生管理人员思想水平和专业素养的提高。（3）学生管理工作者人员构成复杂，一些在其他岗位被优化出来的人员竟被安置到学生管理岗位。

就目前的情况分析，我国绝大多数的高校在学生管理方面都存在严重的错误，尤其是学生辅导员的数量不足，再加上学生对学生管理的工作任务比较琐碎、繁多，导致辅导员没有更多的时间和精力处理学生的思想工作。目前，绝大多数高校的辅导员都比较年轻，对高校学生管理方面的经验不足。因此，辅导员任务繁重、学生管理经验不足将直接造成我国高校在学生管理方面具有一定的局限性，更不能个性化地满足学生的需求。高校学生管理工作内容庞杂，事务琐细，其各项工作最后都要落到辅导员身上，导致学生辅导员很难应付，从而直接导致管理工作过于表面化，流于形式，很难对学生的日常行为、生活学习等方面进行管理。

高校学生管理工作者的整体素质关系到学生管理的效果和学生健康、和谐发展。高校首先应做好学生管理岗位人员聘任的优选，从入口处把握学生管理工作者的素质，吸纳德才兼备的年轻干部和优秀毕业生加入学生管理队伍。其次，应结合学生管理工作职业发展规律创新辅导员、专职班主任队伍的建设，以专业化、职业化培训促进学生管理工作者的业务素质提升。第三，应将提供脱产学习、进修、深造的平台和机会作为学生管理工作者素质提高的重要渠道，不断改善学生管理人员的知识结构和专业水平，把新思想、新知识、新信息传递给学生。第四，应建立公平、合理的奖励机制，提高学生管理工作者的待遇，吸引更多优秀人才充实到学生管理工作队伍。

高校学生管理工作应当成立相应的职能部门，专门负责信息化的学生管理工作。信息化管理平台初步建成后，高校应当和信息技术服务公司进行协商，建立一支信息技术能力高的管理队伍，针对信息化管理工程中用到的信息技术进行培训，帮助管理人员掌握信息化管理平台的使用方法，达到熟练应用的程度。这样不仅可以提高信息化管理平台的工作效能，而且节约了管理成本。

高校应当进一步强化学生管理工作者队伍建设，以高校辅导员队伍为主体，并将专业教师、后勤服务队伍等纳入学生管理工作者队伍之中，根据职责分工确定管理工作任务目标，提高管理工作专业化水平，确保学生管理工作的科学化和制度化。

六、高校内部管理体制缺乏系统性

高校内部学生管理是各类高校领导及管理者为顺利达成高等教育培养人才培养目标，根据国家相关的教育法规政策，有计划、有目的地组织、协调校内的人、财、物、信息等方面的因素，并对这些因素进行计划、实施、监督等一系列活动。该项管理工作是学校内部管理的重要组成，在培养"四有"人才中发挥着不可替代的作用。科学有效的学习管理不但可对学生的思想品德和处事行为产生巨大影响，同时，还可通过管控、约束等方式对学生的学习和成长发展产生直接性影响，是确保高校人才培养目标和办学质量提升的保障力量。

（一）缺乏系统性学生管理体制

当前，有些高校存在片面追求校园建设和教学质量，而对学生管理忽视的情况。同时，学生管理体制也较为固定、单一，也就是垂直管理模式，在相关权责上不够明确。同时，班级活动很难开展，学生参与性不强，以至于辅导员的工作量大大增加，难度也不断加大。在高校学生管理工作中，辅导员负责的工作极为烦琐，缺乏具体的量化指标，在管理目标上也不够明确，工作规范及相关制度不够完善，学生管理指导思想较为经验化、单一化，不利于管理工作质量的提升。

现阶段，有些高校在学生管理功能工作上仍存在事后管理的情况，未能对学生管理中可能出现的问题进行预测及防范。学生管理者应积极对以往学生出现过的问题进行分析，了解问题的根本原因，达到举一反三的目的，在实际工作中，应开展经常性、预防性工作，将问题的发生控制在源头。然而大多数学生管理者未能积极去了解和掌握学生的内心想法，始终处在被动状态，出现问题也只能采取事后管理模式，以至于学生问题无法得到全面、有效的解决。

（二）强化高校学生管理能力的对策

1. 思政教育为本，多样化管理

从当前我国高校学生管理中存在的问题看，应做好这几方面的工作：首先，应树立"学生为本"的教育理念，营造良好的、和谐的管理氛围。应积极转变以往基于学校为中心的管理思路，充分认识到学生才是学校办学及建设发展之根本，如果失去教学对象，则学校也就没有存在的意义。学校各个部门的管理工作及各个教职人员都应建立"学生为本"的理念，这样才可确保学校日常管理工作的有序开展。其次，学生管理者需要采取多种方式和方法，帮助学生建立正确的、健康的价值观念，形成高尚品德和积极的心理。

具体而言，包括这几种方式：（1）通过校园文化建设及课堂教育，培养学生的正确的价值理念；（2）积极开展丰富多样的社团活动，丰富学生的校园生活，同时在社团活动中强健学生心理，培养学生独立实践、团队协作等方面的能力，促进学生全面发展。（3）强化学生心理健康教育，应充分发挥心理咨询和网络平台的作用，对学生的学习、生活、就业等给予指导，关心学生的心理变化，对于存在心理障碍的学生应及时进行疏导。

2. 健全管理体制，人性化管理

应根据当代大学生的身心特点和情感态度，重视学生的实际需要，提升管理工作的有效性。学校在制定学生管理相关的规章条例时，必须要全面考虑到学生的专业学习、校园生活等方面的特点，和学生开展面对面的座谈交流，让各项管理制度、规章、条例等能服务于学生管理，相关政策有助于保障学生利益。只有这样，才能真正实现人性化的学生管理，才能让学生感受到自己的主体地位，才能让学生更积极、更主动地参与到各项学生管理活动中，进而创建学校和学生良

好互动、交流的平台，一同促进高校学生管理工作水平的提升。

此外，高校领导应对学生管理工作给予足够重视，同时应关心学生工作者，在建立和完善学生管理工作相关制度的同时，还应切实解决好学生工作者的生活、工作等问题，以提升他们工作的积极性，进而实现多元化、民主化、个性化的学生管理工作。

3. 强化预防预测，创新化管理

高校学生管理工作者应树立预防意识，要对以往发生的问题进行分析和总结，了解问题的原因，制定相应的预防措施，以免同样问题再次发生。另外，在管理工作中，应做好日常教育工作，强化学生自我管理意识，培养学生的自我管控能力。而这就需要学生管理者及时了解学生的心理和思想变化，做好预防预测工作，将问题消除在萌芽阶段。

同时，在高校教育改革的今天，应对学生管理工作模式进行创新和改进，以提升管理工作的效率和质量。一方面，应动员专业教师参与到日常学生管理中。专业教师和学生有较多的接触，对学生的想法及心理情况有更多的了解，尤其是对学生专业学习情况能随时掌握，所以要求学生工作者和专业教师保持良好的沟通，以便全面了解学生的学习情况，给予针对性的管理。另一方面，要推进学生自我管理建设，以基于学生主体性质，创建学生自我管理组织，通过勤工俭学等方式参与到实际管理工作中。来自学生自身的管理者能够更好更准确地了解学生所思所想，如此，才可更有效地解决学生问题，使学生管理工作顺利开展。

总而言之，高校学生管理是一项复杂的、系统的工作，要求管理者顺应社会和经济发展形势，做到与时俱进，在认清管理工作问题的基础上，树立"学生为本"的管理理念，重视学生自我管理能力培养，加强学生心理建设，让学生形成积极、勇敢、敢于担当的人格。同时，要积极创新和改进工作方式和方法，实现民主化、创新化学生管理，如此，必然会使高校学生管理进入新的发展阶段。

七、高校学生工作模式发生了改变

在当今社会的新形势下，许多新的矛盾出现在了高校学生的管理工作中。环境、任务、内容、渠道和对象都发生了很大变化。高校如果不能适应这种变化，只是简单地重复之前的老办法，往往会适得其反。因此，我们要认清如今的紧迫形势，在高校学生管理上除旧迎新，探索更多改革的新路子。

（一）高校学生管理工作的传统模式已经不能适应新形势

我国改革开放和社会主义现代化建设事业进入了一个新的发展阶段，如今的社会生活已经对高校学生工作产生了非常大的影响。虽然以往的高校学生管理工作在提高学生文化素养与培养社会人才方面取得了巨大成功，然而纵观全局，以往的高校学生工作与当今社会生活却有些脱节。我认为要培养21世纪具有良好思想道德、文化素质以及心理素质的综合性人才，除了要在课程体系、教学内容上进行改革外，最重要的还是要做好学生管理工作。

在传统的文化束缚下，高校的教育和管理制度为封闭性、强制性和灌输式的教育模式。而随着东西方文化的交流，高校学生的世界观、人生观、价值观也日益发生了改变，不少学生变得眼高手低、胸无大志、心浮气躁，高校精神衰退已是不争的事实。

我国"扩招"政策使得高校人数激增，导致了教育管理的难度增加，学生素质以及基础都参差不齐。学生入学后没有一个明确的奋斗目标，缺乏自律意识，最后导致学习成绩不好，并且出现各种心理疾病，这是造成高校校风日下的主要原因。

（二）高校学生管理工作创新的必要性与紧迫性

制度在创新，教育在创新，技术在创新，管理在创新。一切都在随着社会的进步而创新。就高校而言，掌握学生工作的主动性，帮助学生树立正确的人生观与价值观，引导学生抵制错误的思想、腐朽的文化，这直接影响着社会主义事业的发展与进步。相信只要管理人员、各个部门与广大学生共同努力，一定能做到与时俱进，营造一个良好的环境与氛围，跟上时代的步伐。

高校，是所有大学生生长的土壤，大学生的能力、特长都会在这里得到不断的提高与发挥。发展个性是现代教育的一个重要标志，高校的学生工作在于培养富有个性、知识能力合理、勇于创新的人，并要求学生要学会做事，学会感恩，学会做人。

高校应创新学生工作的组织模式，使学生能有一个更加宽广、更加自由的发挥空间；创新学生工作的理念，使学生更加符合当今社会的各种要求；创新学生工作的方法，使学生更加注重实际；创新学生工作的管理，使学生的思想道德品质有所提升，并且拥有坚强的意志与广泛的兴趣爱好，使学生德、智、体、美、劳全面发展。总而言之，高校学生管理工作的创新，已迫在眉睫。

（三）高校学生管理工作创新的实施手段

高校要建立一个强有力的管理指挥系统，提高学生干部队伍的整体素质。学生干部队伍是做好学生工作的骨干力量，是学生生活的管理者，也是学校思想与意志的传达者。因此，学生干部队伍的自身建设直接影响着学生工作体制改革的成败。我们要通过多种渠道，挑选出素质高、能力强、有爱心的人参与到这项工作中。在这个过程中，要给予他们锻炼的机会，以助于他们能力的提高。

要使学生干部队伍能适应当今形势，一定要对其进行适当的培训，采取理论学习与实践相结合的办法进行多种形式的培训，这样就可以使学生干部团队的管理能力得到提高。要对学生干部队伍成员进行严格考核，还要多与其他高校进行交流，开阔视野，交换意见，把学生管理工作放在首位，这样才能使学生管理工作水平不断得到提高。

当今社会是一个信息社会。互联网已经成为人类不可或缺的一部分，而面对网络的挑战，抓紧机遇才是所有高校最应该注意的。机遇往往都是伴随着风险一同产生的，互联网不仅使我们的生活更加快捷与便利，而且极大地拓展了学生的业余生活与视野，使人与社会更近了一步，这为高校培养当今社会全面发展性人才做了很好的铺垫。所以我们应该把学生工作结合当今网络信息，将学生的思想政治与生活带进网络，构建良好的网络校园，从而为学生的生活与学习提供良好的帮助。

高校管理工作作为一项行政工作，校规校纪以及各项规章制度在其中起着至关重要的作用。如何在国家法律的规定下，使学校各项规章制度更加人性化和具有可操作性，这就需要实施决策管理。现如今我们大力提倡依法治国，法治国家要求有法可依、有法必依、执法必严、违法必究。同样，作为以行政手段对学生实施管理活动的高校也要如此。作为管理决策者，必须制定出一套能充分表达学生意愿的、学生能充分参与其中的行政管理办法，并且按照管理规定，运用各种手段，确保学校各项工作有序进行。

总之，高校管理者还应该考虑如何保证违纪学生的权利，即救济权利。救济权利是学生的一道保护线，使学生能够切实维护自身利益。正是因为有了学生充分参与决策的管理规定，才有了学生对规章制度的充分信服，各种管理规定才能真正内化为学生自身的行为准则。完善救济权利，使学生不再处于弱势地位，有利于平衡管理者与学生之间的关系，有利于消除学生的抵抗情绪；要强调一种温和人性的管理模式，使教学管理从人的本性出发，而不是传统的刚性管理、硬性强制，民主对话将受到普遍的认同和欢迎；制度的负面效应及时消解，从而构建一个完善的高校学生管理工作服务平台。

第二节　高校学生管理问题的成因分析

一、高校管理模式中现行载体的乏力

互联网技术的迅猛发展，促进了新媒体的日益普及，现在先进的媒体传播效果是新媒体载体合力的结果。"互联网+"时代，信息的传播具有超时空性，而在学生管理工作中，高校对媒体传播的利用似乎还是有点滞后。另外，目前我国高校的学生管理工作在新媒体应用上的投入力度还是比较欠缺的，不利于新媒体时代背景下，学生管理工作的全面升级，因此，在互联网时代下学生管理工作载体的构建具有重大意义。

（一）学生管理工作载体运行中存在的问题

1. 存在明显的条块离散与分割状态

从根本上说，学生管理工作本身是具有开放性、整体性及动态性的一个特殊生态系统。该过程并非仅仅是采用校园文化活动或者思政理论课程教学的方式就能提升管理效果。每一个学生管理工作载体力量条块分割都非常显著，且彼此配合与呼应极为匮乏，一般会表现出无序、自发等分崩离析的状态，缺乏合理的结构分布。

2. 随意应用载体与盲目跟风

尽管在现阶段高校逐渐意识到学生管理工作载体的重要地位，然而，因为在研究载体方面依旧比较落后，再加上欠缺新载体实际应用能力，对发挥载体功能产生很大影响，这些在实际应用新媒体上充分表现出来，一些学生管理工作者在向学生传授知识时比较热衷于讨论互联网中比较流行的话题或者视频，并不会深入性讲解，这就在很大程度上降低了管理效果。

3. 不够重视学生管理工作中新媒体载体的重要作用

由于新媒体的特点是快捷传播、检索方便、交互性传播等，所以逐渐受到学术界的广泛关注，并逐渐被应用于高校思政教育中，然而，很多人淡化了技术投资新媒体及更新观念，特别是新媒体技术在带给人们便利的同时也会存在很多负面影响。

（二）新媒体时代下形成学生管理工作载体合力的措施及途径

1. 构建互联网教学资源中心与教学平台

就学生管理工作内容环节来说，必须对传统管理方法进行科学演绎，发挥新媒体在管理中的重要作用，同时在管理方法领域，应该对多媒体技术予以有效应用，增加管理工作的创新性与新颖化，而且要设计出完善的学习资源，而主干内容、扩展内容、辅助内容共同组成学生管理工作载体。在互联网中通过图像、文本、音频、图形及视频等方式将其凸显出来，以情趣取代枯燥，尽可能使其成为高校生自觉接受思想政治相关知识的主课堂和主阵地。

2. 创建校园特色网站，提升学生管理工作辐射力

这需要打造极具特色的校园网站，比如，在本校互联网中构建视频新闻及图片鉴赏等，能够以视觉冲击方式直观地展现出静态的建筑风格与学院风貌，对该校精神和文化进行有效传递。点击图片，可以以其超语言性与直观性对学生人生观、价值观及道德情操等产生影响，学生能够在潜移默化中受到熏陶与感染，对学生理性具有启迪作用，督促学生修身立德。

3.利用网络优势，搭建学生管理工作新平台

对比传统的传媒，网络传媒无疑具有更加快速，更加广泛的新特点。对于这种新的网络传媒，学生管理工作者应该充分认识这些优势，让这些优势为学生管理来服务。第一，学生管理工作者应该在思想上达到这个认识，认识到利用网络媒体进行学生管理工作的必然性。根据网络传媒的特点认真思考，积极研究新型教育的工作方法，将学生管理工作方法优化。第二，利用新型网络传媒进行学生管理工作，并不是说就把传统管理方式完全摒弃，而是要将它们与新型的管理方法相结合，使学生管理方式、方法更加完善。

二、高校学生管理工作者思维的单一性与封闭性

当今社会处于快速转型期，经济全球化、信息化趋势势不可当。特别是科技的发展、互联网的兴起，人们的思想认识、价值观念和行为方式具有多样性。大学生面对纷繁复杂的社会环境，经历各种文化激烈冲击，难免会产生心理困惑。长期以来，高校的学生管理目标单一，一直存在着理想化倾向。在确立管理目标时，没有充分考虑整个社会的道德水平、大学生的年龄特征和接受水平等现实情况，而是"拔高"社会道德水准，试图把大学生的思想道德水平提高到理想境界，导致高校德育标准与客观现实明显脱节。学校德育课程千篇一律，统一的教育目标、单一的教育内容、模式化的教育格局，必然会削弱德育的实效。这就要求高校德育工作者不断探索新途径，研究新方法，拿出新举措，丰富和创新德育内容，以提高学生的学习兴趣和接受效果，增强学生管理工作的时代感与实效性。

三、现行高校学生管理模式陈旧

（一）高校学生管理工作方式陈旧

长久以来，我国高校学生管理工作遵循传统的管理模式，工作内容只停留在基本的事务层面，管理体制古老陈旧。在对学生进行管理的过程中，学校的管理者占据主导位置，而学生处于服从学校领导管理、听从学校教师安排的位置。这对学生自身潜能的发掘造成了阻碍，同时还会导致学生处在被压迫、服从的状

态，这既培养不了学生自主学习的技能，又会使学生失去学习的动力与自身的主导地位，从而对学生在未来的学习成长中造成严重的影响。因此，高校的学生管理思想要随着社会发展的形势变化适时进行改革，为现代学生的成长学习开创一片广阔的平台与天地。

（二）高校学生管理工作体制落后

当前，我国大部分地区的高校学生管理模式陈旧，学生表面上服从安排，内心却充满反叛与不满，依旧会出现我行我素的行为。另外，在多元文化的冲击下，各种迥异的价值观取向、新颖的文化潮流对学生产生了不可忽视的影响，这会与学校的传统管理模式产生对立。因此，高校的管理体制必须随着社会文化的发展进行改革，从而给现代学生创造一个平等和谐的成长环境。

（三）探讨高校学生管理工作的策略

1. 改革高校学生管理工作理念

在对学生进行管理的过程中，管理人员不能通过自身职权压迫学生，要积极发挥学生的独立性、创造性、自主性等优点。管理人员应该通过情感和行动对学生进行感化和引导，积极参与师生互动，与学生建立起平等友好的关系，对学生实施人性化的管理。高校学生管理者必须树立起民主和平等的管理理念，要爱护关心学生、支持认可学生、理解尊重学生，积极创造平等和谐的师生互动氛围，为构建文明、民主的高校校园营造有利环境。

2. 支持学生参与管理工作

要体现出学生自身的主体地位，就要培养学生参与高校管理的积极性，这不仅能体现出学生的群体公共利益，也可以体现出高校管理的公平性。因此，学校应当努力倡导学生积极参与学校的管理工作，引导他们学会主动承担工作中应有的责任，同时对学生在管理过程中产生的民主理念进行优化培育，树立健康的人文精神。这不仅实现了高校管理的科学化、民主化改革，而且激发了学生自身的责任感和主动性，提高了学生积极参与校园管理的能力。

3. 优化高校管理工作环境和体制

从一个学校的校园文明程度能够体现出这个学校的道德规范、办学主旨、价值理念、学校的人文思想等每个层次的校园文化涵养。青少年正处在形成良好的世界观、价值观、人生观的成长时期，思想还未成熟，而高校是丰富文化潮流的交汇之地，所以要营造良好校园文化氛围。要优化高校管理环境，就需要强化各院系之间的联系，完善校园内的学生管理体制，推动校园形成平等和谐的校风和学风。

第三章　高校学生管理队伍存在的问题及建设路径

第一节　高校学生管理队伍概述

教育队伍建设不但是进行高校学生管理的基本要求，教育队伍建设进程本身也是非常有意义的德育活动，它集中体现了教育的道德基础、伦理功能、教育的社会意图和人文关怀，它同样会遭遇教育的现实瓶颈、客观问题、条件缺失和矛盾冲突，其建设经验是高校学生管理工作的重要参考。因此，无论是作为一种道德价值存在，或作为一种道德价值的承载，教育队伍建设在高校学生管理质盘提升进程中都具有非常重要的、不可替代的意义。

一、高校学生管理队伍建设的重要性

（一）时代发展的客观要求

在高校学生管理工作的开展过程中，应该进帮助学生树立起坚定的社会理想。在社会群体中的宣传教育，引导学生树立中国特色社会主义的共同理想，加强高校学生管理工作，应该妥善处理好各种矛盾和问题，特别是涉及社会成员切身利益的矛盾，一定要谨慎的处理和对待，以保持友好团结的局面。爱国主义教育也是高校学生管理工作中的重要组成部分，要抓住社会群体的思维特点和心理需求，结合他们的需求深入开展以爱国主义为核心的团结统一、爱好和平、勤劳勇敢、自强不息的民族精神教育。党团组织应该充分发挥自己在高校学生管理工作中的领导作用，通过合理的规划与管理在社会群体中全面开展高校学生管理工作，坚定社会成员的政治立场。精神文化教育是提高高校学生管理工作的重要途

径，同时也是进行思想政治素质教育，提高人们思想政治水平的重要方式。

（二）有利于从整体上把握高校学生管理工作的进程

就当前环境需求而言，由于社会处于转型期，多种因素不可避免地影响着高校师生的思想变迁、心态转化和行为抉择。从总体上说，高校教师队伍主流是好的。他们具有较高的思想觉悟和政治素质，能够在社会各种群体中发挥先锋模范作用，能在复杂的环境中坚持正确的政治观念和健康的思想情操。但也有极少数的教师在政治上、思想上、工作上、作风上受社会腐败风气影响，政治观念有时自觉不自觉地淡化，政治立场自觉不自觉地动摇，逐步丧失坚定的理想信念，沦为物欲的奴隶。这批人员虽然只占极少数，但是倘若不予以高度重视，则会导致更严重的破坏。高校学生管理工作倘若没有大学教师的高道德水准作为标杆和示范，就会造成高校学生管理及其相关活动的普遍虚伪。为此，必须大力加强高校教师队伍建设，"正本"方能"清源"。

加强教师队伍建设，从方法论的视角阐述了提高高校学生管理工作质量的路径。具体来说，加强教师队伍建设，涉及很多方面，包括政治素质、道德素质、身心素质和专业能力等，其中道德素质的建设是其尤为重要的一个方面。道德教育是一个涉及价值观形成、道德观培养和理想信念树立等多个环节的系统工程。从系统科学的角度来看，无论是大学生的管理工作，还是教师的道德建设，都属于一种持续与周围环境交换信息、物质和能量，并能相对独立运行的复杂系统。教师的道德建设与学生的思想教育，可谓是相互作用的两个复杂系统。由于教师群体整体而言具有较高的素质，并对教育教学活动有深入的体会和灵敏的认知，教师道德建设工作开展的效率和效果应当要优于高校学生管理工作，同时教师道德建设工程中的很多思想、方法、经验，可以为高校学生管理工作提供重要的借鉴和参考。因此，也就可以运用教师道德建设视角解析更为复杂的大学生管理工作，为我们提供一条更为简洁、高效的系统化剖析高校学生管理整体性能的研究路径，为切实加强和改进高校学生管理工作提供新的思路。

（三）提升大学生道德成果的基本保障

大学生道德能否达到预期的效果，其价值能否实现，主要依靠两个方面：一方面要靠真理的力量；另一方面要靠人格的力量。但无论是真理的力量还是人格的力量，都要通过高校学生管理工作者体现出来。一方面，他们所宣传教育的内容，必须是合乎实际，反映事物的本质和社会发展的真正规律；另一方面，他们又必须带头实践自己所宣传、提倡的东西，做到言行一致，才能起到示范带头作用。因此，只有提高高校学生管理工作者的素质和能力才能推动高校学生管理工作的发展。

（四）引导培养我国青年工作的开展

当前国际局势动荡复杂，各国的政治活动频繁并且局部战争时有发生。改革开放以来，在这个信息化的时代，各类事件不断在当代青年人的视野中出现。青年时代是人生观、世界观以及价值观逐渐形成并逐步稳定的关键时期，对人的一生有十分重要的影响。我国的青年学生人群以"90后"为主体，他们热于接触新鲜事物，思想相对开放，因而对他们的三观引导至关重要。高校学生管理队伍的职责就是让我国广大的青少年从内心"变强"：在政治立场上坚定地发展社会主义，与其他一切违背社会主义原则、危害人民利益的坏人坏事作斗争；在实际工作中要勤奋努力，积极投身于社会主义建设的伟大事业；在日常生活中乐观开朗，积极向上。

第二节 高校学生管理队伍存在的问题

当前，高校学生管理队伍建设中"数量不足、质量不高、队伍不稳"的状况正在得到逐步改变，并取得了一定的成绩。但需要注意的是，这并没有彻底消除我国高校学生管理队伍建设中长期存在的一系列矛盾和问题，必须要引起对这些问题的重视。

一、高校学生管理队伍具有不稳定性

教育部《普通高等学校辅导员队伍建设规定》明确指出，辅导员是高等学校教师队伍和管理队伍的重要组成部分，是开展大学生思想政治教育的骨干力量，是高校学生日常思想政治教育和管理工作的组织者、实施者和指导者。辅导员应当努力成为学生的人生导师和健康成长的知心朋友。

（一）建队目标不清晰

自我国高校设立辅导员制度，辅导员便是高校学生管理工作的主要力量，正因为如此，各高校也都采取多种措施加强队伍建设，取得了一定的成效，但是还存在一定问题，如目前高校辅导员主要由专职与兼职两部分人员组成。据调查，部分专职辅导员是从本科毕业生中选拔一些成绩优秀、学生工作经验丰富的学生先做两年专职辅导员，再保送读研究生；兼职辅导员有两种模式，一种是由青年业务课教师兼职，另一种是由研究生党员或高年级本科生兼职，他们一边学习，一边从事学生管理工作。目前大多数高校辅导员是以兼职为主，配备少量的专职人员。由此可见，在学习与管理学生并存的情况下，这些辅导员管理学生的目标发生了本质性的偏移，即整个队伍的目标不清晰。

（二）队伍数量没保障

据统计，目前按规定配备了专职辅导员的高校有50%，有34.8%的高校未按规定配备，辅导员与学生比例最高的达1∶760。据厦门大学关于高校专职辅导员配备情况的调查：配备比例在1∶150以下的高校占0.9%，比例在1∶（150～250）的占29.5%，比例在1∶（250～350）的占26.4%，比例在1∶（350～450）的占12.6%，比例在1∶450以上的占22.5%，专科学校辅导员的配备比例基本上在1∶350以上。从中可以看出，辅导员队伍人员与学生比例失调，数量偏低，辅导员配备严重不足。

（三）队伍连续性不够

为了拉近与学生间的距离，深入学生群体，更好地掌握学生的思想动态，辅导员多数为年轻人。但年轻辅导员的工作经验有限，处理事情难免欠妥当，导致思想上的浮动。大多数人把辅导员工作当成留在高校工作的过渡阶段，把能够成为专业课教师当成了发展目标。比如一些高校实行了短期的辅导员制度，专职辅导员一般的工作期限是三到四年，服务期满后有相当部分的人通过转岗从事教学、科研和其他工作，或报考研究生、学历进修而离开辅导员岗位，还有些高校的部分辅导员采用流动岗位，辅导员工作两到三年后转为攻读研究生。队伍的频繁调整和更替，造成了队伍的连续性不够，稳定性差。

（四）队伍整体待遇低，心理反差大

辅导员历来是高校学生工作队伍的主要力量，是具体负责学生日常管理和教育的最基本、最主要的力量，他们虽然肩负了更多的责任，工作繁杂，事无巨细，凡与学生有关的事情都必须过问，但其地位比较低下，不仅接受学校和院系两级管理，而且各个行政部门几乎都是辅导员的领导。由于工作性质和相关规定的要求，辅导员不但没有科研项目，而且不能从事第二职业，只能获得国家和单位的分配；另外，政工人员的职称普遍较低，待遇也往往低于同期毕业的教师。党务、思想政治工作要求高，而政工人员待遇又偏低，这一高一低大反差，导致辅导员心理失衡，使他们的积极性、主动性受到严重影响。

二、管理的后备力量不足

对多所高校进行的抽样调查，反映出新时期高等教育事业发展迅速，而高校辅导员队伍发展相对缓慢，面临诸多严峻的问题。

（一）辅导员配备不齐，结构欠缺，素能不高

高校大学生人数激增，大学生素质参差不齐，客观上需要增加专职辅导员的人数，提高辅导员的综合素质。按教育部规定，高校专职思政队伍配备原则上不应低于1∶200的师生比例。据抽样调查，广西的高校中，只有40%的高校能按1∶200配备，低的甚至达1∶400。配备不齐是高校普遍的现象，配备后也没有给予足够的重视。调查表统计数据显示，有近20%的学生没听说过有辅导员这一职业，23%的学生不知道辅导员是教师编制，18%的学生没见过专职辅导员。从年龄结构上来看，绝大多数高校要求辅导员年轻，基本上是从应届毕业生中选拔或由本校在读研究生兼职，很少从其他渠道选拔。由于缺乏人生经历和育人经验，工作效果欠佳。毕业于思政一级学科与心理学、教育学二级学科专业的比例为19.8%，其他专业占81.9%。辅导员基本没有经过专门培训，缺乏高校之间组织

的集中学习和交流，工作效果不够理想。同时，辅导员个人素能参差不齐，由于心理素养、知识能力、技能应用能力不同导致思政工作的效果有巨大差异。

（二）工作性质不明、职责不清、权利不明

目前的辅导员工作涵盖了大学生学习、思想、生活、文体、社会实践各方面。由于工作性质和工作职能的关系，其工作难以定位，往往容易与一般行政人员不分。在同各高校辅导员的座谈中发现，多数人工作的精力集中于学生的党团建设、学校的招生就业，甚至是院系的收费管理等问题上。20%的学生反映辅导员的工作侧重于纪律管理，15%的学生认为主要是收费管理。辅导员工作复杂多样，学校院系的教务、宣传、招生、就业、组织建设、宿舍管理等都分摊到辅导员身上。调查中发现学生与辅导员较少或难得一见的比例占到65%。另外，部分辅导员除了担任多个班的班主任及院系学生的全方面监管外，还担任授课工作，工作强度大，精力分散。这些使得辅导员难以继续学习提升自我能力，难以对学生的生活、学习、思想进行系统分析，难以对普遍存在的问题与个别特殊问题的有效解决。另外，在学生中出现问题的情况下，辅导员的职权往往不明朗。辅导员座谈中了解到，辅导员被赋予的权限不明或很少，往往是起到"情况汇报者"的作用。

（三）地位低下、身份特殊，队伍不稳定

辅导员为学校的稳定与发展起了巨大作用，对学生的成长成才帮助很大，但付出了辛勤劳动并未得到学校师生的肯定。由于工作对象是学生，需要占用大量时间与他们交流沟通。但是，从学校管理层到师生，许多时候把辅导员作为"勤杂人员"看待，甚至部分高校行政管理层中有"做不好教师就改做辅导员"的认识误区。辅导员与专职教师或行政人员相比，在职称待遇、福利收入上明显偏低，在目前高校的人才评价环境中，缺乏"知识工作者"身份的认同感。教育部规定，专职辅导员的任期一般为4～5年，这种短期化的政策使学校领导和辅导员本人都把辅导员工作当作一种临时性、过渡性的工作，作为短期职业对待。大多数辅导员对自己今后发展不乐观，从个人的未来考虑，努力创造条件尽早摆脱该职业，造成整个辅导员队伍的不稳定。辅导员队伍中缺乏理论水平高、经验丰富的专家。

（四）绩效考核与激励评价体系不完善

辅导员的编制归属没有统一的标准，工作管理上分属于各院系或者学工教务、后勤、宣传等职能部门，人事管理由学校人事处安排，任用、选拔、考核、提升则由组织部负责，工作实施则受学校教务、学工、后勤及院系领导的多重安排。行为思维受制于多个部门，处于被动工作的局面。工作繁多而全面，做得多，思考得少，导致教学中影响力不如专职教师，管理中感召力不如行政人员。目前，各高校中极少有针对辅导员工作而建立专门的绩效考核与激励评价体系，即使有，也仅表现为原则性与纲领性的条文。难以将其工作定性或定量化，使得操作过程难以把握，事后难以绩效考核。另外，高校中实施的知识工作者的职称、课酬、福利等激励制度在辅导员身上没有普适性，挫伤了其工作的积极性和主动性，抑制了创造性和开拓性，削弱了事业上的成就感。

第三节　高校学生管理队伍的建设

大学不仅要有高效合理的管理机构，严密有效的规章制度，更要有一批精明能干的管理干部，依靠他们的积极性和创造精神去工作，有了这样几方面的完美结合，大学生的管理工作才能取得理想的管理效果。可以说，管理大学生一切工作的支撑点在于管理干部。最大限度地调动和发挥广大学生管理干部的能动性，形成目标高度一致的管理工作集体，组织以人才培养为中心的协调的、高效率的、有节奏的管理活动，是大学生管理工作的实质，其核心是建设一支素质高、结构合理、战斗力强的大学生管理队伍。

一、高校学生管理队伍建设的意义

（一）在管理的本质和职能的体现上，大学生管理队伍起着决定性作用

大学生管理是高等学校管理工作的主体，是从管理上保证高等学校完成培养四化建设合格人才的一项系统工程。它直接关系到学校的安定团结，关系到正常秩序的建立，关系到能否教育学生抵制错误思潮和不良风气，以建立良好的校风学风，促进学生健康发展，自觉成才。高等学校学生应当具有坚定正确的政治方

向，热爱社会主义祖国，拥护中国共产党的领导，积极参加社会实践，走与工农相结合的道路；应当具有为国家富强和人民富裕而艰苦奋斗的献身精神；应当遵守法律、法规、校规、校纪，有良好的道德品质和文明风尚；应当勤奋学习，努力掌握现代科学文化知识。这体现了社会主义大学生管理的本质，适应了社会主义政治、经济对大学生管理工作的要求。

然而，学生管理的社会主义方向能否坚持，管理目标能否实现，直接起决定作用的是管理干部。由于大学生管理是以人的集合为主的系统，其管理工作充满着教育的特点，因此，管理干部在学生从入学到毕业的在校阶段的学习、生活、行为的全过程中发挥着不可替代的组织、领导、督促检查、控制、协调、指导帮助和激励、惩罚等方面的决定性作用。可以说，在学校这个培养人才的系统中，无论从诸因素的相互关系去分析，还是从各个工作环节去分析，作为以教育者为主体的管理干部，始终处于主导地位，涉及学生成长的一切工作是通过他们进行的，学校工作的成果，培养人才质量的好坏，归根到底也有赖于他们。当前，随着改革开放不断深入，各种文化思想、新旧观念的冲突，造成了部分学生思想的不稳定，因此，加强科学管理尤为重要。而管理干部，特别是领导干部在体现大学生管理的本质和职能上起着决定性的作用。

（二）在学校人才培养目标的实现和各种教育要素的构成上，管理队伍起着骨干作用

学校工作应以培养人才、促使青年学生健康成长为中心。大学生管理的目的也在于全面实现高等教育的目标，概括讲，就是提高管理水平，促进人才素质的提高，使大学毕业生能主动适应社会主义现代化建设的需要。

大学生管理的基本要素有四个：一是管理对象，二是管理队伍，三是管理内容，四是管理手段。在四个要素中，虽然管理对象是管理活动的主体，但是开展管理活动的主力却是管理队伍。管理对象要靠管理队伍教育培养，管理内容要靠管理者去制定，管理手段要靠管理队伍去运用和改革。任何先进的管理手段，都只能作为辅助工具，不能代替管理队伍。

换言之，学校的一切工作，包括正常的教学、生活秩序的建立和维护，学生

良好行为习惯的养成，严谨、科学、优良作风的培养，德、智、体诸方面的全面发展，都需要管理队伍去精心决策、计划、组织、指挥和控制。而且，随着国家建设的需要，高等学校培养人才的任务日益繁重，可以说是以往任何时期不能比拟的。而改革过程中新旧体制胶着对峙的状态导致不同社会利益矛盾大量存在，有的还趋于表面化，最突出的问题是形成了议论多的难点、热点。这些改革动态过程中出现的问题，无一不在社会的晴雨表——大学生身上反映出来，国内国外各种势力也都把自己的希望集结在大学生身上。所有这些都增加了大学生管理工作的复杂性和困难性，因此，时代对大学生管理队伍的要求也越来越高，大学生管理队伍在学校人才培养目标的完成上的作用也越来越重要。

（三）在大学生管理规律的掌握和管理原则的贯彻上，管理队伍发挥着主导作用

管理队伍对管理的本质和职能的决定作用，以及完成管理任务时的骨干作用，都是管理队伍在大学生管理工作中的主导作用的体现，而发挥管理队伍在培养人才工作中的主导作用，又是管理过程中掌握管理规律和贯彻管理原则的需要。

管理过程是学生在管理工作者指导下认识客观世界的一种特殊的认识过程。在此过程中，存有多层次多方面的关系、矛盾、规律，而管理队伍与学生两方面的活动乃是管理过程中最主要的活动，发挥管理工作者的主导作用和调动学生自我管理的主动性和积极性乃是主要矛盾和主要规律。尽管管理过程中还有其他各种关系，诸如思想管理、行为管理、智育管理、体育管理、美育管理方面的关系，管物与管人的关系，学生管理与教师管理的关系，管理者的素养与管理效果的关系，管理效果与管理者对大学生心理特点、思想特点认识程度的关系，以及宏观方面的学校教育和学生管理与外部世界的关系等，但是，这些关系、规律都是从属于管理过程的总规律的。为了正确地反映和掌握这些规律，实现一定的管理目的，管理工作者经过长期的探索，提出了一系列管理原则：诸如为社会主义现代化培养合格人才的原则，实事求是、一切从学生实际出发的原则，系统综合管理原则，管理与教育相结合原则，民主管理原则等。

在这些原则中，发挥管理工作者的主导作用和启发学生的主动意识，与培养学生自我管理能力相结合应成为中心环节，而在管理工作者与学生这对主要矛盾中，管理工作者又是矛盾的主要方面，因为这些原则的贯彻归根到底还要靠管理工作者去发挥主导作用，还要靠管理工作者全面掌握和运用，进行创造性劳动，去启发学生配合管理，积极主动地按照德、智、体全面发展的人才标准进行努力。

（四）在改革开放时期，大学生管理队伍发挥着特殊作用

高等教育的培养对象不同于普通教育，大学生的生理特点和心理特点不同于中学生，他们的心理特点和思想特点是由他们所处的社会环境和他们的地位的变化、学习活动的变化以及生理变化所决定的，社会政治、经济乃至社会舆论和社会生活方式对大学生的影响是很直接、很密切的。

社会主义新时期的大学生管理工作已不是一般地培养良好思想、良好行为习惯，而且还担负着系统地向学生进行马克思主义教育，特别是辩证唯物主义和历史唯物主义教育，坚持正确的导向，不断提高学生的政治免疫力，努力创造良好的内部环境的重任。在加强对学生思想教育的同时，要严格大学生管理工作，使学生不断增强历史责任感。显然，在社会主义新时期的大学生管理工作中，管理工作者不仅在提高教育质量方面发挥着普遍作用，而且还日益显示出在学生成才导向方面的特殊作用。所有这些都充分说明建设一支各方面素质良好、战斗力强的学生管理队伍，是办好社会主义大学的一个重要措施。

二、高校学生管理队伍组织建设

目前，在我国高校中直接从事大学生管理工作的队伍主要由年级辅导员和班主任组成。年级辅导员大都由青年教师或少量高年级学生、研究生来担任，其中包括一部分专职从事思想政治工作的青年干部，班主任则全部由教师担任。另外，在校、系两级还分别有一部分干部专职从事大学生的学籍管理、行政人事管理和思想管理工作，他们分别在大学生管理机构中担任一定的职务或是作为具体的工作人员。

从整体看，从事大学生管理工作的这支队伍，熟悉业务、熟悉学校环境、熟悉整个大学生管理工作规律，熟悉学生生理、心理等方面的特点，而且有干劲、有热情，能积极开展学生管理工作的研究，在学校管理工作科学化、规范化、现代化等方面不断跨出新步伐，取得新成果。但是从目前实际的学生管理情况和新时期国家对大学生管理工作的要求来看，这支队伍仍明显不适应需要。

高校的学生管理工作，除专职的学生管理工作者外，广大的业务课教师以及学校行政、教辅人员，也应是此项工作的承担者。不管教师或教辅、行政人员本人是否认识、是否承认，"教书"以及学校的其他管理工作都在起着"育人"的作用，都对学生思想品德、言行情操起某种规范、导向作用，这是不以人的主观意志为转移的客观规律。但由于各种原因，高校专业课教师中，能比较经常、比较自觉地管理教导的人还是少数，大部分人除了上课，其他管理、教育工作都推给了学生管理干部。由于高校学生管理工作队伍的力量是如此，也就不难理解高校学生管理工作为什么容易出现某种程度的宏观失控、微观紊乱的局面，也就不难理解大学生管理工作为什么多年来成为牵动全局的大问题。

加强专职学生管理队伍的建设，并不是简单地追求数量的增加。正确的方针应该是在保证相当数量基础上的少而精，使学生管理干部向这方面的专家方向发展。因此，要纠正过去那种认为学生管理干部只要能领学生劳动、打扫卫生就行的错误思想，要纠正把学生管理干部当成"万金油"的错误倾向，有必要对高校现有的专职管理队伍进行适当的调整充实，对一些政治上、思想上不合格以及部分能力偏低、难以胜任工作的人另行安排工作，把那些有事业心、有组织能力，政治觉悟高、业务好的同志充实到学生管理工作岗位上来。

同时，要积极从高校的学生管理专业、第二学士学位班中培养专职学生管理干部，从优秀的毕业生或研究生中选留有志于学生管理工作的同志充实管理队伍。加强专职学生管理队伍的建设还要求建立独立于专业教师外的专业技术职务晋升体系，大胆果断地破格提拔他们当中的优秀分子，放到工作第一线关键位置上去锻炼，使他们从亲身的工作中体验到成长和进步，一旦这样的机制形成后，这支队伍就会越来越精，越来越强。

建立一支专职的学生管理队伍，能保证大学生管理工作的连续性、稳定性。

但是，学生管理工作是多因素、多序列、多层次结构的综合体，与过去相比，管理的内容和形式都发生了很大的变化。可以说，一个学校，只要有学生，就有管理工作。无论从时间角度，还是从空间范围而言，学生管理工作无处不在、无时不有。显然，学生管理任务单靠少数专职管理人员是很难完成的，因此，必须建设一支宏大的兼职学生管理工作队伍。

所谓兼职学生管理工作队伍，主要是指由专业教师或其他职工兼任的年级辅导员、班主任、学生导师，一般做法是从本校教师中，也可从研究生或本科高年级学生中以及学校其他政工干部或管理干部中选拔聘任。教师兼职从事学生管理工作，不但是因为他们与学生有天然的师承关系，对学生有较大影响力，而且他们在与学生的接触中，能及时准确地掌握学生的思想、情感、个性等方面的变量，可以从管理的角度给学生指点方向。因此，把学生的教育管理工作渗透于业务教学之中是完全可行的。

高等学校职工，尤其是直接接触学生部门的职工，在某种意义上都是大学生的管理者。这些职工若都能配合学校的管理目标，从各自的工作实际出发，协助做有关的学生管理工作，那就会使管理队伍在更广阔的领域得到延伸，使其成为学生管理工作的新"能源"。

现在关键的问题在于，高校必须用政策去调动广大专业教师和其他职工兼职从事学生管理工作的积极性，调动他们教书育人、管理育人的工作热情。因此，高校必须在具体工作中，真正体现出在工作的评估、职务的聘用上，把是否兼职从事学生管理工作，以及是否教书育人、管理育人作为一个硬性指标，既有定性的评估，又有量化的考核，以此激励广大教职工积极投身到学生管理工作中去。

加强大学生管理队伍的组织建设，还意味着要加强有着浓厚学术性的学生管理、咨询、研究力量的配备工作。这些工作既要面对学生中涉及的政治、历史、人生观、价值观和精神卫生、行为规范的问题，又要为学校领导做好调研工作，起到某种智囊团的作用，即通过他们自觉地用党的方针政策、用教育理论和教育科学衡量学生管理工作，促使学生管理工作科学化，并经常研究学生管理工作的周期性、规律性，促使学生管理程序规范化，以取得最佳管理效果的方法来改进管理过程。这一方面的力量主要应来自有相当理论基础的教师和有丰富学生管理经验的专任干部。

三、高校学生管理队伍制度建设

高校学生管理队伍制度要求为大学生管理工作的高效、高质开展提供了人员、队伍方面的保证，可以说，它完成了大学生管理队伍建设方面的"硬件"建设。但是，一支优质的大学生管理队伍，还要靠不断提出新的要求，制订工作规划，进行组织培养，才能不断提高管理队伍的思想水平、管理能力和学术水平。因此，必须加强大学生管理队伍建设方面的"软件"制度建设。

长期以来，许多地方和学校对大学生管理队伍的制度建设并未给予足够重视，认为有没有制度都可以工作。因此，在学校里普遍存在大学生管理干部定编紧、补缺难、提升慢、待遇差的状况。而且，大学生管理工作缺乏明确的工作目标和职责范围，人们往往把任何与学生沾边的工作都推给大学生管理干部承担，结果造成工作任务分配不均衡。学生管理干部整天忙于应付各种差事，很难集中主要精力研究如何改进、提高学生管理工作。

为适应新形势对大学生管理工作的要求，必须确立大学生管理队伍的职责范围，建立有关规章制度，使大学生管理队伍建设规范化和科学化，使大学生管理工作在最有效的、最可靠的、最佳的状态下进行。

大学生管理队伍的制度建设包括的内容有：大学生管理干部工作岗位责任制度、大学生管理干部工作评价监督制度、大学生管理干部的晋升考核制度、大学生管理干部的培养进修制度、大学生管理干部的淘汰制度等。这些制度中，工作岗位责任制度和评价监督制度必须首先明确。

（一）高校学生管理队伍的岗位责任制度

大学生管理队伍的工作岗位责任制度就是把学生管理工作的有关规定、要求、注意事项具体落实到每个管理者的一种责任制度，它使得每个管理工作者都有明确的分工和职责，并可为评价每个管理工作者的成绩提供依据。

各层次的大学生管理队伍的工作岗位责任可大致划分以下几处，具体内容如下。

1. 校学生工作管理委员会主任

肩负着统一指导和协调全校学生管理工作的重任，他要根据学校党委和行政学期工作计划，制订全校学生工作的学期计划，同时在学期内根据不同年级的不同特点，对阶段性的学生管理工作进行组织、安排和实施；定期分析学生思想动态，为党委和校长对学生管理工作的决策提供准确的材料；安排全校学生管理干部培训，并与人事处一起组织和落实学生管理干部的专业职务评定工作；根据全校学生管理工作的总体要求，协调全校各部门学生的思想教育、后勤服务、学籍管理等工作。

2. 校学生工作委员会办公室（或学生处）主任

在学工委领导下主管全校学生行政管理和思想教育工作。根据学工委的决定协调有关管理机构的学生管理工作，并积极配合、组织和检查基层学生管理工作；负责奖学金、贷学金的管理、评定、调整和发放主管招生和分配工作；协助教务处进行学籍管理，办理退学、休学、复学和转学手续；检查和维护教学、生活秩序和纪律；统一处理学生来信及来访工作；掌握全校的学生统计工作。

3. 系学生工作组组长

在系党总支和系主任领导下，组织实施学生的学习活动和学生管理；认真组织和安排好政治学习和形势教育任务；抓好学生中党团的思想建设和组织建设；指导和支持年级辅导员、班主任开展工作；协助班主任做好学生操行评定、"三好"评比工作和毕业生分配工作，并努力掌握学生思想特点和发展变化规律，探索学生管理工作的经验。

4. 年级辅导员

负责统筹本年级或本专业学生日常思想政治教育和有关的学生管理工作，在系党总支领导下，组织好年级学生的政治形势教育、新生入学教育以及学生在劳动、实习、军训、毕业分配中的思想政治教育工作；负责协调安排本年级学生的社会实践及课外公益等活动；根据本年级具体情况，制订学期工作计划，指导、检查班级计划实施情况；对学生的升留级、休学、复学、退学、奖惩、奖贷、品德评定、综合测评、毕业分配等工作提出具体意见；开展对工作对象、任务、方法等课题及有关理论的科学研究工作。

5.班主任

是学校委派到班级指导学生学习，负责学生管理工作，并配合党团组织和年级辅导员开展学生思想教育和管理工作的教师。班主任要坚持四项基本原则，用爱国主义和共产主义思想教育学生；引导和督促学生，指导班级开展各种学习活动，帮助学生改进学习方法，不断提高学习效率，并起好教与学之间的桥梁作用；全面了解和掌握学生情况，做好本班学生的品德评定、德、智、体综合测评，评定奖学金、贷学金、困难补助、年度鉴定及毕业生鉴定等工作，做好班干部的选拔、培养和指导工作；指导学生的课余生活，加强学生的集体观念，培养团结向上的好班风。

导师由忠诚于人民教育事业、责任心强、品德高尚、教学经验较丰富、学术水平较高的讲师以上教师担任。导师工作侧重于学生专业学习的指导和学术思想的熏陶，兼顾思想政治教育工作，努力把思想政治工作深入专业学习的全过程，在对学生专业学习启发指导的同时，进行思想政治上的疏导；发现和推荐优秀学生，并向系提出破格培养的建议；全面关心学生，每年对所指导的学生进行考核，写出评语。

在建立具体的岗位责任制度时，应详细说明某一职位的大学生管理干部在任期内必须开展的工作有哪几方面，每一项工作要达到什么程度。而且，这些内容必须是有实践基础的，必须切合实际。

（二）高校学生管理干部的评价监督制度

开展大学生管理干部的评价监督具有多方面的作用：首先，确定大学生管理工作的质量标准，建立科学的评价指标体系；其次，评价监督制度能使大学生管理干部找出差距、增强自我调节的功能，在优化整个大学生管理工作的同时，发挥自己的特长和优势，努力创造出管理工作的新水平；再次，它能调动大学生管理干部的工作热情，促进职能部门之间的竞争，有力地调动大学生管理干部的积极性；最后，实行评价监督制度能够为决策机关在决定管理工作者的职务晋升、薪金（包括奖金）调整、人事调动时提供科学合理的依据，避免凭个人印象决定、论资排辈依次轮流等不合理做法，从而提高大学生管理干部的工作积极性。

因此，无论从加强管理队伍建设方面说，还是从强化管理工作者的素质、能力和工作责任感说，都必须积极开展管理队伍的评价监督工作。

开展大学生管理干部的评价监督工作，最关键的是建立有量和质概念的管理工作评价监督体系。一般而言，建立该体系应遵循以下几条原则。

1. 方向性的原则

评价干部的目的在于促进大学生管理工作的规范化、科学化，引导大学生管理干部立足现象，顾及长远，为培养社会主义建设所需的专门人才这一总目标高速、高效、高质地工作，力争大学生管理工作的最优化。

2. 可比性的原则

即评价的对象及其评价项目的确定必须有可比性，使评价项目有着基本相同的基础和条件，使各人之间可以按评价项目进行量和质的比较；同时，评价指标本身要尽可能化，以期在更细的程度上求得同质和可比。对难以量化的指标则进行定性评议，使定量评价和定性评价有机结合起来，从而尽可能真实地反映出一个人的工作状况。

3. 科学性的原则

评价指标体系应能客观、真实、准确地反映各管理干部工作现状、成绩和水平。各级管理干部的管理工作相对独立而复杂，如年级辅导员，其工作范围非常广泛，建立指标项目不可能面面俱到，只能抓辅导员职责范围中的主要工作和集中反映辅导员工作成绩和水平的重要环节。

4. 可行性的原则

大学生管现干部工作评价指标体系应在不妨碍评价结果的必要精确度和可能性前提下，尽可能做到简要明白，简便易行，从而便于评价人员掌握和运用。

根据上述几条原则即可制定出一份与大学生管理干部岗位责任制相符的、定性定量相结合的、侧重于定量的评价指标体系，并要求各层次干部按其职责和评价目标开展工作，尽职尽责地把工作做好，这是开展评价活动的出发点和最终目的。

第四节　高校学生管理工作者的素质研究

一个学校，能否把学生培养成为充满朝气的，有开拓和创新精神，德、智、体全面发展的"四有"人才，在很大程度上取决于各级学生管理干部的素质。高校需要那些能够遵循教育规律，按照党的方针政策办事，熟悉大学的教育、教学活动和学生思想状况，掌握一定的专业知识、管理知识、教育管理知识，作风正派，处事民主，事业心和责任感强，大公无私，富有创造精神、科学精神和自我牺牲精神的德才兼备的管理工作者来进行管理。因此，必须大力加强学生管理队伍的素质培养，努力建设一支思想过硬、作风扎实的科学化、高效率的学生管理队伍。

一、大学生管理工作者素质修养的重要性

随着社会政治经济环境的不断变化，不仅引起了人们经济生活的重大变化，而且也引起人们生活方式、思维方式和精神状态的重大变化。这些变化促使高校学生管理系统中两个活跃因素——管理干部和青年学生空前地活跃起来，形成了管理活动中最有生机而又不甚稳定的因素。

随着现代科学技术文化的迅速发展，诸如网络等社会传播媒介的作用不断加强，高校学生管理活动也将受到越来越大的冲击。在这种形势面前，若只用传统的管理思想、管理方法、管理手段去进行经验管理，势必会遇到不可克服的矛盾，因此，高校学生管理工作者必须加强素质修养，完善自己的知识结构，更新工作理念，改进工作方法，以提高管理效果。

大学生管理工作是培育人的工作，必然要求管理工作者首先具有较高的素质修养。高校的根本任务就是为社会主义建设培养大量德、智、体全面发展的人才，毕业生将成为社会主义建设各条战线上的骨干力量，他们的政治思想素质、精神状态将决定国家和民族的未来。大学生管理工作者和教学工作者一样都肩负着重要的使命，广大管理工作者必须善于研究学生思想和行为的活动规律，既要善于掌握学生共有的思想活动规律，又要了解不同学生不同的思想活动规律；既要了解学生共有的心理活动，又必须了解不同学生千变万化的心理活动，并根据学生思想和心理活动的共性和特性，有的放矢地开展管理、教育工作。

显然，大学生管理工作比一般管理工作复杂得多，也困难得多，它必然要求学生管理干部有较高层次的素质修养。如果他们的水平跟不上实际需要，他们在学生中的威信就不会高，工作也将难以开展。任何管理工作都需要特殊本领，有的人可以当一个最有能力的革命家，却完全不适合做一个管理人员。要管理就要内行，就要精通生产的一切条件，就要懂得现代高度的生产技术，就要有一定的科学修养。一个好的业务教师不一定是个好的管理干部，而一个好的管理干部必须是一个好的教师。因此，管理工作者一方面要进一步提高对管理工作的认识，下决心选拔品学兼优的毕业生和业务教师来充实管理队伍；另一方面管理工作者要加强素质修养，努力学习掌握自己所从事工作必需的科学知识和业务知识，并逐步精通、掌握其客观规律，成为学生管理工作的专家。

学生管理是个"言传""身带"的过程，必然要求管理工作者全面加强素质修养。在学生管理工作中，"言传"是很重要的，如果没有党的教育方针以及有关大学生管理制度、规定的宣传、教育，就不可能有学生的自觉的规范行为。

但是，大学生管理系统作为"人—人"管理系统，与"人—机"系统的根本区别在于，它的工作对象是一个个有思想、有个性的朝气蓬勃的青年人，青年人的特点是都愿意获得教益，"身教"重于"言教"。如果没有管理工作者的率先垂范，身体力行，"言教"就成为"说教"，就不可能有多大的效果。因此，学生管理工作者不仅要具有较高的思想理论素养，而且还要有良好的作风和品德修养，在这些综合素养基础上形成自己的人格魅力，来吸引学生、教育学生，真正使自己既是教育者又是实践者，从而达到良好的管理效果。

由此可见，一个十分注意自己的思想意识和道德品质修养，注意理论学习和吸收新的知识，不断地改造自我主观世界，不断完善自我知识结构，不断改善管理工作方法的人，必然是一个深受广大学生欢迎的、卓有成效的管理工作者。

新形势、新环境下的学生管理工作，必然要求管理工作者的素质修养具有时代精神。应当承认，在改革的时代，许多新的管理内容、管理形式和管理方法，在还没完全学会的时候，实际生活又为我们提出了许许多多新的理论、新的问题需要去探索。管理者的管理对象也在发生变化，现代的大学生较以前年代的学生来说，他们的政治素质、文化水平、专业知识正在不断地变化和提高，他们对社会生活的介入越来越深，他们的思想、观点及成果同社会进步、国家兴衰有着至关重要的联系。因此，这种情况给大学生管理工作带来了一定的难度，需要他们进一步加强管理的预见性、警觉性、原则性、示范性，需要更新观念，跟上时代，增加知识，提高本领。

目前，党和国家要求大学生管理工作要联系实际，要渗透到专业教学中去，使行为规范化成为学生的自觉行为，要和思想教育紧密结合，要努力创造一个和谐、健康、向上的育人环境，要有处理突发事件的能力等，所有这些，都使大学生管理工作具有很大的开拓性。毫无疑问，这对大学生管理工作者的素质修养提出了更高的要求。

应当说，大多数学生管理工作者是具有良好的素质修养的。但是，提高素质修养是永无止境的，大学生管理工作者要以一个日益发展的现代世界为坐标来看待人们素质修养的提高，要及时调整工作姿态和知识结构，及时而科学地吸收人类创造的精神文明，使自己具备自我调节、变革自身的能力，不断地进行素质结构的新陈代谢，具有强烈的时代精神，在提高学生的思想、政治、文化素质方面积极地发挥应有的潜能作用。

二、大学生管理工作者提高素质的基本途径

加强学生管理工作者的基本素质培养，不仅是个人修养问题，而且还直接关系到这支队伍的管理效果和威信。因此，提高学生管理工作者的素质修养，是高等学校的一项长期任务，也是加强学生管理工作，更好地培养"四有"人才的当务之急。

要提高学生管理工作者的素质，使学生管理工作提高科学化水平，除了需要管理工作者本人勤于读书，勇于实践，善于总结，不断追求素质的自我完善外，更需要各学校从战略高度认清提高学生管理工作者素质修养的意义，积极探索能达到目的的有效途径。

（一）开展全员培训

学生管理工作涉及因素很多，是一个复杂的大系统。要完成这种具有强烈的

科学性和探索性的学生管理任务，学生管理工作者的素质从总体上来说，就不能仅仅具有文化知识和一般的管理经验，而且还应具有相当高的管理科学、教育科学以及有关学科的理论素养，具有一定的科学研究的实践锻炼，具有一定的调查研究、系统分析、理论研究的能力。

要想提高大学生管理工作者的素质，必须通过全员培训的途径，对在学校中从事学生管理工作的干部，不论何种学历、职务、年龄、职别，不论在何种岗位，都要无一例外地进行管理素质的培养、提高。首先，全员培训包括上岗前的基础培训，这是为取得学生管理岗位资格服务的；其次，经过一段管理实践之后进行人员的培训，以便从广度和深度两方面增加管理业务知识，进一步提高管理水平；最后是研讨性的培训，主要用以解决知识和理论的更新问题，通过研究讨论，促进学生管理工作者素质的提高。

（二）应用理论学习与研究实践相结合的方法

理论学习与研究实践相结合的方法，要求学校一方面能提出学生管理工作中需要探索研究的课题，鼓励广大学生管理工作者踊跃选择课题，组织立项研究，并对立项研究的课题提供必要的理论书籍、文献资料，为学习有关理论创造必要的条件；另一方面，制定学生管理改革的研究立项和研究成果的评审、奖励制度，在评定优秀成果时，要审查其立论的理论依据以及理论飞跃的科学性，以此激发广大学生管理工作者有针对性地学习有关科学理论的积极性。另外，还可经常开展理论咨询、讨论等多种活动，组织学生管理工作者分析学生管理过程中出现的实际问题，总结实践经验，进行理性概括。这样，就有可能通过研究实际问题提高学生管理工作者的理论修养和各方面的素质水平。

（三）加强考核制度，实施奖励政策

对学生管理干部要定期考核其管理知识和相应的专业知识，考核其管理工作的技能和管理实践能力，形成其不断提高自身素质修养和管理水平的外在压力，对于一些在学生管理岗位上进行学生管理研究并取得成果，同时在管理实践中做出成绩的同志，授予相应的技术职务，对干部晋升，不仅依据其已有的工作成绩，而且还要有高水平的综合素质修养要求，并以此来测定和推断其对新的重任所可能承担的最大系数。对在学生管理领域的研究工作中取得显著成绩和优秀成果的管理工作者，应与取得其他科研成果的工作者同等对待，给予相应的表彰和奖励。

三、大学生管理工作者的素质要求

（一）具备思想政治素质

这是高校学生管理工作者应该具备的最基本的素质，具体包括以下几个方面。

1. 立场问题

所谓立场就是一个人在观察和处理问题时所处的地位和所抱的态度。学生管理工作者所从事的大学生管理工作是培养人才的工作，是一项政治性很强的工作。因此，学生管理工作者必须坚定地站在无产阶级立场上，忠诚党的教育事业，全心全意为人民服务；必须在思想上和政治上与党中央保持一致，做好学生的教育和管理工作。

2. 思想观点

它与立场是统一的，一定的立场决定一定的观点。只有确立坚定的立场，才能更好地去观察、研究和解决问题。这就要求其必须树立正确的思想观点，坚持全心全意为人民服务，以党的群众路线为基本观点，这是做好学生管理工作的可靠的思想前提。

3. 政治品质

其主要表现是：忠于党和人民，在任何情况下，坚持革命原则，对人对事不带个人成见，不以个人好恶为转移，襟怀坦白，光明磊落。有没有高尚的政治品质对于学生管理工作者来说不仅涉及个人的组织性修养，也直接关系到能否按党的政策，把广大学生的好思多学的积极性引导到正确的轨道及团结到党的周围。

4. 政策水平

主要指认识党的政策、理解党的政策、执行党的政策的水平，就是能够按照党的政策结合学生实际情况正确区分和处理不同性质的矛盾，正确区分政治问题、思想意识问题、认识问题和一般学术问题的界限，有效地做好学生管理工作。

（二）具备知识素质

学生管理工作既有理论性又有实践性，管理的对象又是具有较高文化素质和丰富知识的青年学生，因此，大学生管理工作者在总体上必须有相当高的知识水平。具体来说，学生管理工作者的知识素质包括以下方面。

1. 学生管理方面的知识

要掌握一些管理的科学与艺术，掌握管理的技术和方法；要了解教育学、心理学、社会学等学科的知识，使自己具有决策、计划、组织、指挥等实际管理能力；强调管理方面的专业知识，就是要求"行管理"。学生管理工作者应努力学习，提高自己管理专业知识方面的基本素质，提高自己的管理才能，逐渐使自己成为合格的管理者。

2. 与学生专业有关的基础知识

有条件的还可兼任一些教学工作，如"两课"的教学或专业课的教学，从而有利于学生管理与业务学习有机地结合起来，并建立威信。

3. 与学生兴趣、爱好有关的知识

如文学、史学、艺术、体育等学科知识。当代大学生喜欢从一些人物传记、格言和文学艺术作品中找到自己的影子和楷模，学生管理干部运用这些东西可帮助学生加深对问题的理解，也能与学生有更多的共同语言，使管理工作更有成效。

（三）具备能力素质

对大学生管理工作者来说，他们的能力素质，最集中地体现在管理能力上。在复杂的环境下，这种管理能力在两方面表现得十分突出，具体如下。

1. 综合能力

管理工作者面的是为数众多、情况各异的大学生。这些大学生由于家庭环境、个人阅历、政治面貌、品质性格、志趣爱好以及年龄上的差异，他们对社会、学校、家庭等各种事物的反映也就不同，从而构成了千差万别的思想，并在学习、生活等方面反映出来。

2. 分析研究能力

包括调查研究能力和理论研究能力。调查研究能力主要指深入学生之中，掌握第一手材料，经过分析和综合研究，全面掌握大学生情况的能力。理论研究能力主要是指结合实际工作独立进行分析研究，并使之上升到理论的能力。通过研究，找出管理工作的规律性东西，以推动学科的发展，指导管理工作。

（四）具备道德素质和性格修养

大学生管理工作者具备高尚的道德素质和良好的性格修养，不仅对做好管理工作本身大有益处，而且能够对青年学生产生教育作用，且其意义更为重大。学生管理工者必须能为人师表，要谦虚谨慎，勤勉好学，实事求是，作风正派，办事公正，吃苦在前，享受在后，待人热诚，举止文明，从他们的言行中，广大青年学生就能汲取良好道德品质的营养。

高校学生理论水平较高，认识能力较强，他们对管理者的工作有相当的评价能力，从这种意义上说，学生管理工作者经常处于被彻底剖析、被严格监督的地位，经常会听到严肃的批评意见，有时也会产生歪曲的评价，因此，管理工作者只有胸怀坦荡，宽容虚心，经得起批评，才能增强管理工作能力。

第四章 高校学生管理模式构建的理论基础与基本原则

第一节 高校学生管理模式构建的理论基础

一、人性假设理论

任何一种管理模式必然对应一种人性假设，研究学生管理模式同样离不开对人性的认识。这是因为任何学生管理模式的构建都是以对人的本质及人性假设为基础。

（一）"经济人"假设理论

"经济人"的假设最早由享乐主义的哲学观点引出，该假设认为人的行为出发点就是为了满足自身最大的利益追求，工作的目的就是为得到经济利益或者报酬来满足其对物质方面的追求。所以，这种假设下对人性偏好的认定是懒惰和对工作的逃避，是缺乏理性和不愿负责任的。"经济人"假设下的管理模式表现为独裁模式。管理的重点在于目标任务，管理模式依赖权利，通过权利和控制实现管理目标。管理客体只能执行管理主体制定的严格规范和所有命令，其愿望与情感不被管理主体所考虑。管理模式中的物质刺激和严厉惩罚是引导管理客体的基本方式。"经济人"假设下的学生本质是不能自律、具有较强的惰性，需要制定管理制度和规程加强对学生行为的控制与管理，以保证学生学业的顺利完成和学校人才培养目标的实现。同时可以用奖学金、各种评奖评优等手段调动学生的积极性，用严厉的行政惩罚手段去惩处懒惰违规者，把奖惩建立在胡萝卜加大棒的基础之上。

（二）"社会人"假设理论

"社会人"假设是基于人的社会属性考量基础之上，该假设认为人不能只从自身的物质利益出发而不考虑其他方面的内容，因此还需要考虑工作的中的社会需要，社会需要的满足对人的行为具有更大的激励作用。"社会人"的人性假设理论较之"经济人"的假设对人性的认知程度向前迈进了一步。它不仅看到了人具有满足自身低级的自然属性的需要，而且还意识到人渴望被尊重、获得安全感和归属感等高级的社会属性的需要。"社会人"假设下的管理模式表现为监护模式。管理的重点在与人的本身，通过管理主体关心、满足管理客体需求，营造具有安全感、归属感和依赖感的组织环境实现管理目标。重视人与人之间的关系、提倡建立集体、发挥非正式组织作用等是引导管理客体的基本方式。管理主体是组织各个环节上的信息沟通者，充分考虑管理客体的目标与需求，尽可能使管理客体目标与组织目标相一致是管理主体的职责。"社会人"假设下的学生更注重满足自身和社会的需要。学生管理者不能仅看重学生完成任务的情况，更应该在管理的过程中关心、爱护和尊重学生，建立良好的人际关系和感情，在管理模式中选择参与管理模式。为了实现管理目标，学生管理者还要发挥学生中非正式组织的作用，尽可能融入学生组织之中，在良好的人际关系和组织环境下，潜移默化地提升学生对学校学生管理的认同感，激发学生的集体荣誉感增进组织的凝聚力。

（三）"自我实现人"假设理论

美国著名社会心理学家马斯洛把人的需求分为五个层次，分别是生理需求、安全需求、社交需求、尊重需求和自我实现需求，其中最低层次的需求是生理需求，最高层级的需求是自我实现需求。马斯洛认为最大限度激发和利用自身的才能是每个人均具备的能力，人们通常希望在实际工作中寻求工作任务完成的自我满足感。人性假设的"自我实现人"理论就是依据马斯洛的人的需求层次理论研究而最终提出的。"自我实现人"假设认为只有充分发挥人的潜能，人才会感到自我实现，才能感到最大的满足。因此，人并非生来就有惰性，工作的偏好是人的本能，而且愿意并且主动承担责任。"自我实现人"假设下的管理模式变现为支持模式。它不依赖于权利和物质利益，通过管理主体创造出的良好的环境和合理的制度，提供给管理客体成长的氛围，为其提升工作绩效提供支持从而实现管理目标。用内在利益调动管理客体的积极性，帮助管理客体实现自我目标等，是引导管理客体的基本方式。管理主体不单是管理目标的指导者和人际关系的协调者，还应该是管理客体发展阻碍的疏导者。这种管理模式下管理客体的驱动力被唤起，会形成比前两种模式更大的管理绩效。"自我实现人"假设下的学生特点是独立有主见，渴望实现自我的价值。学生管理者要充分体现学生的主体地位，为学生提供利于发挥自我特长实现自身价值的环境，利用激励因素调动学生的积极性，管理模式主要采用任务管理式。在学生管理中，管理者要尽可能将学生管理目标与学生个人发展目标有机结合，在管理目标实现的过程中培养其社会责任感和创新精神，使学生能够成长成才。

（四）"复杂人"假设理论

"复杂人"假设也称为"权变理论"。该理论认为人的需求是复杂多变的，人的愿望也是多种多样的。这些需求和愿望是随着人的精力阅历的变化、社会角色的转变和所处内部外部环境变化而不断改变的。因此并非上述三种人性假设那样简单。人在复杂的、多变的环境中会呈现出不同的状态，表现出不同的人性面。人性中既有追求物质利益最大化的一面，也有承担责任、实现自身价值最大化的一面，是一个权变的过程。因此世界上不存在一成不变、普遍适用的管理模式。"复杂人"假设下的管理模式灵活多样，学生管理者要具备"权变管理"的能力，要因材施教根据学生的不同特点，采用灵活多变的学生管理模式。一方面要在学生生活的不同阶段采用不同的学生管理模式。比如大学一年级的学生刚刚步入校园，自制能力较差，管理中注重行为约束与养成教育，通常采用指令式管理模式。四年级的学生即将步入社会，世界观、人生观、价值观基本形成，通常采用服务式管理模式。另一方面在深入了解学生的基础上，根据学生的具体个性情况与特点，及时调整管理模式，做到管理模式因人、因时、因势而变。

二、领导生命周期理论

领导生命周期理论最早由美国管理学家科曼提出，后经保罗·赫西和肯尼斯·布兰查德继续发展。该理论认为：管理主体的成功与否取决于工作行为、工作关系和管理客体的成熟度。根据上述三个要素将领导方式划分为四种，应用到学生管理领域中对应成为四种学生管理模式。

（一）命令型领导方式

管理主体的命令型领导方式，即高工作低关系，管理客体不成熟。这种领导方式下，管理主体指导管理客体，告诉其该做什么、如何去做等，采用单项沟通方式。命令型学生管理模式，要求学生管理者给予学生事无巨细的学业和生活指导，对学生该做什么事、怎么去做等有详细的说明，不关注学生的建议和诉求。这种学生管理模式，学生管理者要投入大量的时间和精力，常常陷入学生的具体事务之中，管理效能往往不高，学生普遍感觉不太适应。该模式仅仅适用于大学新生入学后的第一个学期。

（二）说服型领导方式

管理主体的说服型领导方式，即高工作高关系，管理客体初步成熟。这种领导方式下，管理主体既指导管理客体又提供支持性建议，采用双向沟通方式。说服型学生管理模式，模式要求学生管理者给予学生的适当的学业和生活指导，定期与学生进行沟通交流，在管理中注重引导学生，在一定程度上调动学生参与学生管理的积极性和主动性，及时关注学生对学生管理的建议和个性化发展的需求。采用说服型学生管理模式的学生管理者，在时间和精力的投入程度上较命令型会有所减少，适用于大学的第二至第三学期。

（三）参与型领导方式

管理主体的参与型领导方式，即低工作高关系，管理客体比较成熟。这种领导方式下，管理主体与管理客体共同决策，管理主体主要发挥沟通的作用。参与型学生管理模式，要求学生管理者要与学生成为朋友，就管理过程中遇到的问题共同研究、共同探讨，积极关注和采纳学生的建议与诉求并及时交流反馈。这种学生管理模式，学生管理者更多运用激励的手段，投入较少的时间和精力，适合于大学的第四至第七学期。

（四）授权型领导方式

管理主体的授权型领导方式，即低工作低关系，管理客体成熟。这种领导方式下，管理主体不干预管理客体，授权鼓励管理客体完成任务。授权型学生管理模式，要求学生管理者给予学生充分的信任，充分放权让学生独立开展管理工作，充分发挥学生自我教育、自我管理、自我服务的作用。这种学生管理模式，学生管理者主要起到督促监督的作用，在四种管理模式中投入的时间和精力最少，学生享有充分的管理自主权和足够的施展才华空间，适合于大学的第八学期。

三、学生发展理论

学生发展理论是以心理学研究的最新成果和人的发展等相关理论作为支撑，最早在20世纪60年代的美国兴起的，是人的发展在高等教育领域中的具体应用。该理论涵盖个体与环境、认知和价值观、社会心理等方面，分别从心理学、社会学等视角阐述并解释学生在大学期间的成长与发展规律。

（一）个体与环境理论

个体与环境理论描述了学生个体与大学环境之间的相互作用对学生成长的影响。个人与环境类理论可以帮助学生管理者积极营造适合学生成长和发展的良好宽松环境，为不同性格类型特点的学生设计不同的职业生涯发展规划，评估学生发展效果的评测量表或其他方式。

（二）认知结构理论

认知结构理论关注学生的发展方式和发展过程，帮助学生管理者树立学生认知发展观。认知结构理论最具代表性的是心理学家帕瑞，他将学生发展划分为四个阶段：二元认知阶段、多样认知阶段、相对认知阶段、信守阶段。该模式为学生事务管理者解释学生发展变化的实际状况提供了参考依据。比如处于二元认知阶段的学生认为学生管理者会帮助其解决所有问题，对学生管理者要绝对服从；处于相对认知阶段的学生认为学生管理者的管理有些是对的有些是错的，但是没有办法判断到底哪些真是对的哪些真是错的。学生的发展是从非黑即白的认知阶段发展到具备区分多种不同观点并且能都对这些观点进行鉴别和评估的复杂认知阶段。

（三）社会心理理论

德国社会心理理论以埃里克森的生命周期论为基础，认为人的发展受到社会文化的制约与影响，面临着一系列需要解决并且带有特点结果的成长问题。齐克林将此理论用于高等教育领域，认为学生在大学期间面临的首要发展问题是建立统一性以及围绕其开展的发展能力、管理情绪、自我管理、确立同一性、成熟的人际关系、成长目标、自我完善等七个变量。

（四）类型学理论

类型学理论将人和人之间的差异看成是较为固定的特征。美国霍兰德的职业兴趣六类型理论、美国迈尔斯-布瑞格斯的十六类型性格理论，以及美国考伯的学习风格理论都对类型学的理论研究做出了突出贡献。该理论与认知结构理论相比，更强调个人先天的差异会在个人情感发展过程中得以体现。该理论为学生管理者针对学生的不同个性特征与认知方式，给予有针对性的服务与管理。

第二节　高校学生管理模式构建的基本原则

一、主体性原则

高校学生管理的传统模式下，学生管理者通常将自己摆在比较高的地位之上，他们认为学生辨别能力和认知能力较差，只能被动地接受教育和管理，学生没有主动权和发言权。因此在学生管理中管理者常常忽视被管理者（学生）的积极性，使学生处于被动的、被控制的处境中，学生合理的需要有时得不到满足。新世纪新时期高等教育的一个显著特点是以人为本，充分调动人的积极性和主动性，最大限度挖掘人的潜能，培养人的创新实践能力。只有这样才能培养出适应现阶段社会需求的高素质创新人才。高校是否将学生作为管理的主体，在教育管理中充分体现学生的主动性，是学生管理模式中的一个核心原则。现代教育学研究表明，"90后"大学生由于受成长环境等因素的影响，表现出比以往任何时期更加强烈的自我意识和自主意识，他们渴望参与学生管理中成为学生管理模式中的主体。高校的学生管理者作为外部教育条件必须要经过学生主动的接受认同、消化吸收才能真正发挥其应有的作用，学生则会根据自身的性格特质、成长特点和发展需求对高校学生管理理念和管理模式进行自主选择。因此，高校应积极探索学生自我教育、自我管理、自我服务的激励机制，采取适当的方法引导和鼓励学生主动地参与到学生管理活动中来。把过去被动的、外在的管理客体转化成现在主动的、内在的管理主体，从包办代替到自主选择，充分调动学生的主动性和创造性。

管理的实质在于充分调动人的积极性，同理高校学生管理新型模式的构建的成功与否，就是要看该管理模式是否能充分调动管理客体（学生）的参与学生管理的积极性，能否有效发挥学生自我教育、自我管理、自我服务的作用。学生管理者和学生之间的关系不是相互对立的，而是相互兼容协调统一的整体。发挥学生的积极性不是纵容学生，不能不顾主观和客观条件让学生完全自由发展。学生管理者在管理模式实施的过程中鼓励学生发挥积极性和主观能动性的同时，还要积极引导学生在进行职业生涯规划和人生发展选择时将国家的发展、社会的需要与学生个人的成长紧密联合起来。只有这样作为管理客体才会觉得管理主体是为学生的发展着想，教育管理目标与学生人生目标才能有较高的契合度，使学生自觉地消除管理过程中的顾虑与消极对抗情绪，自愿地接受学生管理者的教育管理和服务，积极主动地参与到学生管理工作中。

二、引导性原则

引导性原则，就是指在日常工作中，用"引导"代替权威和命令，在引导中让学生主动地去行为，发挥他们的主体作用。构建学生管理工作模式要遵循引导性原则，因为学生的自我教育、自我管理和自我服务并不是任由学生随意地进行，需要学生管理者的正确科学引导。大学生的世界观、人生观和价值观尚未成型，求知欲望强烈，在这种情况之下学生的选择通常带有盲目性，常常因为一时的好恶所左右，选择的科学性有待商榷。学生管理者要给予学生充足的背景信息，科学合理的引导，使学生的自主性得到科学有效发挥，符合其实现自身科学发展的需要。这同时是学生能够做到自我教育、自我管理和自我管理的前提。

根据多年的学生管理实践经验，笔者认为学生管理者可从下面两个方面对学生进行引导。一方面要注重学生个人生涯的引导，即通过大学生涯规划、职业生涯规划等内容，帮助学生认识自己合理规划人生。另一方面要引导学生学会学习、学会生活、学会面对、学会选择。传授给学生科学的学习方法，引导学生养成良好的生活习惯，教会学生面对荣誉和挫折等。激发学生主动学习的意识，培养学生自主学习的能力。在当今的大学生群体中间，很多学生因为缺乏主动学习的意识和自主学习的能力，学习适应能力较差，要么无所适从，要么随大流，荒废了大好青春时光。因此学生管理者要在教育管理过程中，帮助学生正确分析环境的主客观条件，引导学生在自我认知的基础之上，将国家社会发展需要与学生个人发展需求相结合，在充分考虑上述条件的基础上，让学生最终形成科学的自我决策。

三、差异性原则

瑞典著名的教育家裴斯泰洛奇指出人好比就是一粒种子，这里种子有可能是高耸入云的大树种子，有可能是野火烧不尽的小草种子，还有可能是四季常青的灌木种子。园丁的主要任务是通过浇水、施肥等工作，帮助它们朝着其各自方向发展。构建学生管理模式的过程中必须要尊重学生的差异，树立科学的学生差异观，帮助实现学生全面科学可持续的发展。树立科学的学生差异观，必须把学生看成具有独立辨别能力、思考能力、人格意识的成年人来看待，承认学生之间因成长环境、性格特质而造成的差异性，每个学生都是不同的都有自己与众不同的思维方式、情感诉求、行为举止和表达方式。在教育层面上，具有独特的智慧倾向，在遇到实际问题时，都有自己独特的思考问题角度与解决问题的方法。古希腊伟大的哲学家柏拉图的人生最高理想就是让世界上不同天赋禀性的人都能找到适合自身的工作。他在其经典著作《理想国》一书中指出世界上根本没有完全一样的两个人，每个人都会因个人的自然特点而区别于另一个人，因此同样的一份工作，一个人适合去做另一个人则未必适合，但会有另外一种工作适合他去做。我国古代的儒家思想的代表性人物孔子提出了"性相近，习相远"的思想可谓如出一辙。在高校学生管理模式中，学生管理者帮助学生树立的成长发展目标要以学生的性格特点和天赋禀性的不同作为主要依据。对性格不同、能力不同、悟性不同的学生要采用截然不同的教育管理手段和方法，才能取得事半功倍的成效。因此，学生管理者要学会尊重学生的差异性和独特性，根据每名学生的不同特点，不用相同的标准衡量所有的学生。学生管理者要充分细致地了解每名学生的长处和不足，让他们都有获得成功的机会和条件，体验到个人成长发展后带来的成就感和目标达成后的喜悦。

确立差异观就是要尊重学生的个体差异，在高度关注学生各种个性化的本意、特长、潜能和发展目标，在认真分析学生差异的基础上，用不同方式给予个性发展需求的针对性个性化满足。当然学生管理者尊重学生的个体差异，不是说为了尊重差异而尊重差异，只发展学生已有的表现较为突出的才华和能力。如果这样做，学生极有可能在学生管理者的片面指导下，使长处越来越突出但不足之处还是不足。因此尊重学生的差异性还需要用科学发展观作为指导，既能尊重学生的差异又要科学引导学生实现全面发展。学生管理者在保证全体学生都能实现学校制定的人才培养目标的同时，既要根据学生的能力和性格发展其优势特长，又能弥补其劣势缺点，既能扬长又能避短，还要根据人的科学发展观的内在要求，使学生实现全方位的均衡发展。

四、专业化原则

高校学生管理中很多内容与社会工作的内容相类似。社会工作发展阶段中的初级的非专业化的社会工作正向高级的专业化的社会工作演变。专业化的社会工作通常是从人员的专业化开始的。所以构建学生管理模式要以专业化为原则，学生管理者的专业化能够有效推动学生管理工作的科学性和专业性进程。当前我国高校学生管理模式中，学生管理的部门和机构职能较为庞杂，学生管理者往往由来自不同专业背景的人员组成，专家型的学生管理者为数不多。多数学生管理者对工作处于感性状态，凭借经验和热情开展工作。但不可否认，我国高校的学生管理者是宝贵的资源，如果他们在具有科学的工作理念、良好的服务意识、熟练的工作技巧和丰富的管理经验的同时，为学生提供更加专业、优质的服务，这将实现学生管理者从事务型的低层次管理向高层次专家型的高层次管理的全面转变。要实现这一目标，要整体提升学生管理者的知识水平和业务能力，使其不仅是学生管理的行家里手，还是心理咨询师、职业规划师等具有扎实掌握专业社会工作知识的"复合型"专家人才，为实现学生管理模式的专业化奠定坚实的基础。

第五章　高校既有学生管理模式的分析与发展

第一节　高校学生人格化管理模式

一、人格化管理模式的基本定义

所谓人格化管理就是在管理过程中充分注意人性要素，以充分挖掘人的潜能为己任的管理模式。

人格化管理是一种"以人为本"的管理方法，就是从管理的指导思想到具体的管理原则和方法，都是从人出发，以人为核心的管理：它的实质在于充分尊重和理解被管理者的个性和创造才能，充分调动他们的主动性、积极性、创造性，并使其更好地投入工作中，更有效地实现组织目的。至于其具体内容，可以包含很多要素，如对人的尊重、充分的激励、给人提供各种成长与发展机会。

同一所大学的学生往往有着一定的共性。例如，清华大学的学生务实严谨、北京大学的学生浪漫民主，很多大学的学生因其大学的底蕴等方面的不同，形成了不同的"学校人格化"。同一班的学生也会有一定的共性，呈现出各个班级不同的风貌，形成不同的"班级人格化"。这种状况也出现在大学宿舍里，形成"宿舍人格化"。大学校园还存在其他很多方面的人格化，这些"人格"都是从心理学角度定义的，指的是这一类人的内涵。这一系列的人格化与大学生能否顺利步入社会，积极参与竞争，收获事业、生活有很大关系。

二、人格化管理模式的重要意义

综合各国对于新时期人才的要求，我们可以发现，现代的人才需要更多的能力和素质，肩负了更多的使命。例如，要具有良好的社会责任感，要树立明确可行的生活目标，要具有学习能力和创新能力，要具有不断适应时代需求的能力等。上述一系列能力的培养都需要一种现代的、注重学生内涵培养的管理模式。人格化的管理模式注重对大学生内涵的培养，巩固、发扬已形成的良好的内涵，革除不好的甚至是劣质的品质，开创新的精神，这对于大学生的成长、对于大学文化的繁荣都有重要意义。

三、"学校人格化"管理的具体实施

"学校人格化"的管理工作要从以下几个方面实施：（1）强化规章制度的管理。（2）确保良好的学习环境和学习氛围。（3）形成良好的精神风貌。

"学校人格化"管理属于学生管理的高级层面，掌握着整体的动态，起着统筹、规划、指导的宏观作用。这类管理要从领导层面出发，在学校的基础设施、师资力量、学术建设等方面投入更多的人力、物力、财力。制订相关的工作计划，树立长远目标，要务实求真，不可急功近利只图表面功夫。

四、班级、宿舍人格化的具体实施

班级、宿舍作为学校管理的基层单位，起着非常重要的基础作用。基层人格化要从以下三个方面努力。

（一）教师、辅导员等教育工作者发挥人格魅力

对学生尤其是新生而言，教师、辅导员等教育工作者代表了权威，在他们心中形成了一种特殊的地位。学生对他们崇拜的教师、辅导员会特别地尊敬并存在模仿的现象。辅导员是"班级人格化"管理的组织者、策划者、调控者和实施者，教师则是管理最主要的辅助者，这两者在"班级人格化"管理中发挥着重要作用。因此辅导员要树立良好的工作态度、生活态度和办事作风，以便更好地感染学生；教师要有严谨的治学态度，感染学生树立良好的学习态度和工作态度。教师和辅导员要给学生树立榜样，促使"班级人格化"向良好的方向发展。

（二）个别学生发挥人格力量

在一个班级中，总会有在领导方面有突出能力的学生，这些学生的人格力量影响着"班级人格化"。个别学生人格力量的发挥会引导、带动其他学生，对"班级人格化"起到调动作用。但个别学生的人格力量又有积极、消极之分，积极的人格力量会对班级和其他学生起积极作用；反之，会带来消极的影响。因此，学生人格力量的发挥需要辅导员的控制，辅导员要把握尺度，引导、鼓励积极人格力量的传播，化解消极人格带来的不良影响。

（三）"宿舍人格化"管理要注重细节

辅导员要选那些热心、负责任、宽容大度、积极为同学办事的学生担任宿舍长，用他们的能力管理宿舍，用他们行动感染宿舍的其他学生；还要建立良好的宿舍环境，搞好宿舍卫生，形成和谐的舍友关系，创建多彩的宿舍文化等。"宿舍人格化"的形成其他方面的人格化奠定基础，为学生的生活创造良好环境。

第二节　高校学生制度化管理模式

一、高校的制度化管理及其局限性

首先，什么是制度化管理？制度化管理是指以科学的规章制度对人们的行为进行管束的机制。它主要依靠外在的科学理性来进行管理。制度化管理是与机器生产时代一起产生的，在高校的制度化管理中，学校订立了严密的规章制度以约束学生的行为，让学生减少了思想行为的散漫性、无纪律性，从而营造了一种公开透明的环境，这可以保证课堂教学的有序进行。

其次，制度化管理是以教学为核心的，它倾向于把课堂的教学过程设计成一架精确的机器，在管理的过程中，只讲究理性和秩序，而很少考虑人的因素，因此它存在着很明显的局限性。第一，高校的制度化管理，是一种冷冰冰的建立在"外物"上面的管理体系，它没有人情味，它通过一整套的规章制度规定限制了学生的思想和行为，从而削弱了学生学习的主动积极性。第二，每个学生都是独一无二的个体，尤其是大学生们朝气蓬勃、个性明显，然而在制度化的管理中，制度的"刚"性忽略了每个学生不同的个性需求，致使每个学生的个性得不到应有的尊重。原本管理就应该因时、因地、因人而采用比较灵活的方法，但如果采用制度化管理就很难做到这一点。最终，制度化管理一定程度束缚了当代学生的思维，压抑了学生的创新精神。

二、高校人性化管理的实质及弱点

什么是人性化管理？人性化管理强调在高校的管理中把人这一要素放在第一位，学校一切的管理活动应该围绕着调动人的积极性、创造性展开。教师在教学授课的过程中应该尊重学生、爱护学生，让学生的潜能得到最大程度的发挥。

美国著名心理学家马斯洛认为：人类有五种层次的需要：生理需要、安全需要、社交需要、尊重需要和自我实现的需要，他认为作为一个文明人，所追求的终极目标就是自身价值的实现。而人性化管理的理念也是基于此。但是，我国不少高校的管理者在管理过程中孤立片面地理解了这一概念，从而使学生变得缺少了制度的约束，这样就暴露了一些人性中固有的弱点，比如懒惰、自私、虚荣等等。基于这种现象，本文认为应该把制度化管理和人性化管理有机结合起来确保学生的健康成长。

三、制度化管理和人性化管理结合，进行有效管理

制度是维系高校学生正常地生活学习的基本规范，理解制度化管理和人性化管理要注意两个方面：一是制度对所有学生都一视同仁，所有学生都要遵守学校的规章制度；二是在学校制度的严格要求下，对学生的基本权利有一定的保障作用，对学生的积极创造性也有激励作用，也就是说学生的权利要靠制度来做保障。制度的两大功能就是建立在对人性优点和弱点的把握之上的。一方面，它保障了人性中优点的发扬，另一方面，它也约束着人性中弱点的泛滥。通常情况下，学生更在意制度的约束管教功能而忽略了制度的保障保护功能。这也不难理解，因为制度的硬性约束是以规章制度等表现在外面的，而约束人性的动物性、弱点等都是隐性的，不容易被察觉，这也是学生常常以为学校的制度化管理缺乏人情味的主要原因。

高校在制定学校的相关管理制度时应该向全校教职员工争取意见，在制定制度的过程中，学校领导应呼吁广大教职员工积极参与，以确保制度制定后能代表着广大师生的意愿，更好地服务于教学活动。具体表现在，在学校重大的制度制定之前，负责该事项的校领导干部征求师生意见，而后收集整理，然后再开始拟定制度的草稿，随后在教职工大会上展开充分的讨论，根据讨论后的结果对草案进行修改整理。这样制定出来的制度才容易得到教职员工的认可，也体现了学校的人性化管理，让制度化和人性化管理很好地结合在了一起。

正如再好的千里马如果没有遇见伯乐，那么就将被埋没在众多资质平庸的马之中一样，如果一套科学合理的管理制度，在贯彻执行中出现了偏差，那也就不能发挥它原本的很好的作用。

针对我国现阶段学校管理中存在的制度执行力不行的现象，我们要拿起人性化管理这个武器。在管理过程中，管理者要做到以身作则，严格要求自己，其身正，不令则行；其身不正，虽令不从。人都是有感情的动物，学生看到了教师的高风亮节之后，自然会追随教师的脚步，也向美好的方向发展。

综上所述，制度化管理与人性化管理二者并不是互相对立的，二者是相辅相成的。制度化管理不能完全否定人性化管理，制度的建立也要以人性本质作为依据。并且，在高校管理实践中，制度化管理和人性化管理互相配合，更有利于为学生创造一个良好的外部环境。而21世纪，人才是最重要的生产力，只要把制度化管理和人性化管理高效和谐地统一起来，才能为我国的现代化建设培养出更优秀的人才。人性化管理的实质就是更高层次的制度化管理。只有在人性化管理原则的前提下，高校进行严格的制度化管理才能取得良好的效果。制度化和人性化在高校的管理过程中是一对既对立又统一的结合体，制度化有一定的刚性，而人性化有一定的柔性，在高校的管理实践上，应该刚柔并济，方能取得满意的成果。

第三节　高校学生社区化管理模式

随着高校社会化改革的不断深入，高校学生社区化管理也应加强重视。学生社区应该成为培养德、智、体全面发展的"四有"人才及"管理育人、服务育人"的重要阵地，应该是影响大学生成长、成才的重要环境和学校精神文明建设的窗口。因此，高校学生社区化管理应该成为高校改革的重点，有些传统的管理模式已不能适应高校的发展，学生社区化管理势在必行。从高校社区化管理的发展方向来看，不断完善学生社区的教育管理机制，积极探索学生社区管理的新思路、新办法，建立与传统的班级管理模式差距较大的新型大学生社区管理模式是今后发展的方向。

一、高校学生社区化管理产生的背景及科学内涵

（一）高校学生社区化管理产生的背景

1. 适应学生群体特征

加强和深化高校思想政治工作，需要一种更切合实际、具有实效的教育管理新模式。高校学生思想政治工作者，必须根据变化了的情况，及时调整工作思路，作出应对之策。面对高等教育的日趋现代化和国际化，特别是教育教学改革的不断深化，高校改革向纵深发展的新形势，高校学生社区管理如何坚持社会主义办学方向，如何坚持姓"教"的宗旨不动摇，是一个值得认真研究和探索的重大实践课题。近年来，很多高校在开展党建与思想政治工作以及日常教育管理工作方面，与时俱进，不断创新，探索出了一条符合形势发展要求和高校实际的学生教育管理新路子，即高校学生社区化管理。高校学生社区化管理是加强和深化新时期高校学生思想政治工作的需要。

2. 中国高等教育现代化和国际化发展趋势需要一种符合高校学生教育管理的新模式

为了克服高校持续扩招带来的后勤设施不足，中国高校借助国外发达国家高校后勤社会化的管理体制，或引进社会资金，或集资联建，或贷款与集资相结合，大力兴建学生公寓，并推行了后勤社会化管理，较稳定、快速地解决了学生的住宿、餐饮、娱乐等一系列学习、生活、文化活动设施存在的经费短缺的问题。但后勤社会化却带来了高校管理的"二元化"问题，即对学生的学习实行的是与西方高校不同的传统教学行政管理，而对大学生的生活却推行了类似西方大学的社会化管理，在教学计划行政管理与社会化管理事实上存在着"两个体

系"。高校学生工作面临的挑战是：怎样将"行政管理"与"社会化管理"两个体系合二为一，从而达到对学生人格教育的统一。在这种新情况下，高校实行社区化管理势在必行。

3. 中国高等教育改革和发展不断深化需要改革传统管理模式

面对高等教育的改革和发展的现实情况，尤其是高校学分制改革的逐步深化，传统的班级概念趋于淡化，以班级作为思想政治教育基本组织形式和主要工作渠道的情况正在改变，社区越来越成为大学生学习、生活的重要场所。同时，随着高校后勤服务社会化步伐的加快，学生社区的环境氛围、社区的文化设施和社区管理服务的质量如何，以及社区管理模式怎样，这些都对传统的高校学生工作提出了新的问题。因此，高校社区化管理被提上了议事日程。高校学生社区化管理是适应高等教育改革与发展的时代要求的。

（二）高校学生社区的科学内涵

随着我国高校改革的进一步深入，以寝室为单位的学生社区的地位日益突出。学生社区是社区概念在学校管理中的反映，学生社区是大学生在校学习、生活、休息的基本活动场所。社会学研究表明，社区是一种地域上的存在，同时，"它的实质是人的聚居与互动"。就第一层意思而言，社区的特点是居民的共同居住；第二层意思则表明社区具有文化功能。学生社区也是一个社区，就一所高校而言，它指这所高校的所有寝室和周边环境（学生公寓）以及这种环境所能达到的最大的育人功能。

与社区概念相对应，这一概念也包含两个内容，一个内容是指区域环境，另一个内容是指文化功能。区域环境即是指：一方面，学生社区是校园的区域组成之一，是校园内的地理分区，是学生的居住区；另一方面，学生社区也是学校的一个重要管理区，就社会组成结构来讲，它是组成学校管理的结构之学校与学区存在某种程度上的隶属关系。不过，在完全学分制实施的背景下，学生群体间专业、班级甚至年级的界限日益模糊，作为学生的居住区其地位也应随之上升，以满足学生以居民身份与学校以及相关社会机构进行实质性对话的要求。文化功能更多地表现为社区人文环境与居民生活的相生相融，成为社区居民接受文化教育的主要阵地。学生社区在文化功能上还要承担更多的责任，要确保"文化为了教育，教育为了学生"，它具有更加鲜明的目标和内容指向。

高校学生社区的主要功能，就是要使学区成为高校德育工作的一个有效的有机环节。它承担的主要任务是为未来社会培养合格的社会公民，从社区角度出发，即要培养适应社区生活，与社区和谐相处的居民。一个社会的现代化归根结底是人的现代化，是人的意识和人的才能的现代化。社区作为社会构成的单元部分，它的现代化更离不开其居民即社区成员意识的现代化。因此，培养具有社会意识的现代人必然成为现代教育的任务之一。学生社区作为社区的特殊形态，同样要求其居民（学生为主体）以社区理念处理社区事务。从这一角度来讲，学生社区承担向居住期间的不同年龄、不同性别、不同生源、不同专业的学生灌输现代社区意识，将其培养成为积极参与社区事务、能适应并完善未来居住环境的合格居民的任务。因此，学生社区更像一个准社区，就如同学校向各行业输送人才一样，它负责向未来的社区输送高层次的居民。

由此可见，区别于城市一般社区和农村社区，学生社区是附属于学校的，由定期流动的学生和相关管理人员组成的，在具备相应的物质功能同时，还应形成其相应的育人功能的一类特殊形态的社区。它不单有显而易见的区域含义，同时也具有育人的功能，即通过整个学生社区成员（主要指学生）的积极参与和依靠学生社区的创新精神来完成其育人功能。同社区一样，"学生社区"一词也有一种温暖的劝说性的意味，它是一种情感力量，让学生具有对物质环境的归属感。在同一学区里，不同学生的关系建立在相互依存和互惠的基础之上，这种互惠和相互依存是自愿的、理性的，是通过自主参与实现的。学生参与是学区存在的反映，只有通过学生的参与才能使学生的多样性以及他们归属学区的不同方式具体表现出来。

（三）国内高校学生社区的分类

从1999年高校的扩招，到2001年开始在全国各地迅猛发展的大学城，大学生社区目前在我国已普遍存在。就现存的全国各地大学生社区的现状来看，目前主要存在三类管理模式的大学生社区。

1. 跨省（市）的大学城社区

这类学生社区的特点是规模大，入区的学校多。从入区大学所在的省（市）来划分，既包括大学城所在地的大学，也包括外省（市）的大学；从入区大学的性质来划分，既包括理工大学，也包括综合性大学和专门大学；从入区的学校层次来划分，既包括研究型的本科大学，也包括专科学校和职业技术学院。这类大学城社区管理体系有待加强。

2. 同省（市）的大学城社区

这类大学城社区的特点是规模较大，入区的高校多的有数十所，少的也有几所到十几所，入区的大学属于本省（市）的大学。如重庆市的虎溪大学城，其入住的学校就有重庆大学、重庆医科大学、重庆师范大学、四川美术学院以及重庆科技学院等几所高校；上海市的松江大学城，入住的有复旦大学影视学院、东华大学、上海外国语大学、上海工程技术大学、上海对外贸易大学、华东政法学院以及立信会计学院等7所高校；广州市的广州大学城有中山大学、华南理工大、华南师大、广东工业大学、广州美院、星海音乐学院、广州大学、广州外国语学院、广州中医药大学以及广东药学院等10余所高校；南京市的仙林大学城有南京师范大学、南京中医药大学、南京财经大学、南京邮电大学以及南京森林公安高等专科学校等10余所学校；武汉市的黄家湖大学城也是一个规划占地约40平方千米，规模达到20万学生的大学城。

3. 由一所具有一定规模的大学构建的学生公寓式社区

这类学生社区的特点是，在原学生宿舍区的基础上，进行管理模式上的改革，即对原有计划经济条件下的学生宿舍式管理模式，实行后勤社会化改革，实现社区式管理；随着学校规模的扩大，对新建的学生宿舍实行社区化的管理。这类由单个学校构成的公寓式学生社区目前全国也不少。以重庆为例，重庆交通大学、重庆邮电大学、重庆工商大学等，其学生公寓式社区即是这类社区。

二、高校学生社区化管理的现状

（一）高校学生社区化管理面临的机遇和挑战

全面实施学生社区化管理已经迈出了我国高校学生思想政治工作中具有代

表意义的一步。在国内，各高校先后进行的各种形式的理论研讨和实践探索，解决了部分理论和操作问题。但是全国高校地域分布广，地域和办学特色不一，教育环境和教育条件参差不齐等因素决定了任何一种管理模式的完善都要经历一定的过程。社区化管理在实践探索过程中仍存在许多的具体挑战，表现在以下几个方面：（1）内部机构关系和运作方式尚欠科学和完善，构建并处理好教育、教学、招生就业三大平台之间的关系，需要进一步处理好教学管理与教育管理、社会化服务管理与教育教学管理之间的关系，科学分析和分配学生教育管理平台内部机构间的权重等。（2）对实施学生社区化管理的后继问题的重视程度和研究不够，前瞻性理论探索较少。例如，随着改革的进一步深化，政治、经济、社会、文化、教育等诸多方面将会出现许多新的变化，学生社区的管理如何适应这些变化？对这样的问题就缺乏研究。（3）急需提升学生社区的价值，即使学生社区在学校机构设置、运行体制、社会效益、育人过程中体现出更大的效度和影响力。（4）在跨省（市）大学城和同省（市）多所大学集聚的大学城，存在着学生社区管理不统一的问题。由此可能导致一些不稳定因素从管理的薄弱环节滋生，有可能酝酿成影响全局稳定的因素。

（二）高校学生社区化管理实践

1. 单一院校学生社区管理模式

这类学生社区管理学生来源单一，规模相对较小，管理容易到位。因此，通过社区党总支、支部、学生党员接待室、社区团组织、社区学生会、心理咨询室等的构建，就形成了从学校党委行政到社区学生寝室的完整管理体系，使各类社区管理中容易发生的问题能得到及时、有效的解决。这类管理模式总的来说比较成功。

2. 跨省（市）大学城与同省（市）集中多所高校的大学城社区的学生管理模式

跨省（市）大学城与同省（市）集中多所高校的大学城社区的学生管理的特点是城区规模大、学生人数多、基础设施可以得到有效利用、在生活管理上可以取得相应的效益。但与之相对应的是，正是由于学生人数多、涉及的学校多，因此在管理上也容易出现某些漏洞，这种管理的漏洞主要不是寝室管理的不规范，或者教学设施使用上的混乱，事实上，一个大学城在学生寝室的管理上是完全可以统一规范的，其教学设施也可以更好地充分利用。这里的管理漏洞，往往更多的是指各个地区、各个学校对学生管理要求的不一致、不统一，因而就可能出现这样的情况，有的学校管理严格，有的学校管理相对松懈，这一严一松中，就可能出现管理信息上的不完整，问题就可能从薄弱部分反映出来。用管理学的术语来表述，就是"木桶效应"，即木桶里的水会从箍桶板中最短的一块木板中漏出来。因此，跨省市大学城管理上需要解决的问题是如何在发挥规模效益的同时，避免由不同省（市）、不同高校在学生管理制度上的非一致性而产生的薄弱环节。

与跨省（市）大学城一样，单一省（市）大学城充分利用基础设施、扩大管理效益的优势也是明显的，但同样存在各高校间学生管理不一致的问题。这种不一致，不仅源于各高校之间的专业特色，也源于各高校的定位：有的是研究型大学，有的可能是教学研究型大学，有的是教学型大学，有的是综合型大学，有的是多科型大学，有的是专门的学院（医科、工科、农业和教育等），有的是职业技术学院等。同时，还存在着不同高校对学生管理的认识、不一致的情况。有的非常重视，可能在管理上就做得比较细；有的认识可能不到位，管理就有疏漏。这种管理上的不一致，将可能导致大学生社区出现一种"东方不亮西方亮，黑了南方有北方"的现象，使一些看似不起眼的小事因信息反馈的不及时，管理的不到位而酿成工作失误，甚至造成不利于稳定的群体性突发事件。

与单一高校组成的大学城出现工作失误造成的影响不一样，跨省（市）大学城和同省（市）中由十余所高校组成的大规模学生社区，如果出现了失误，所产生的影响与后果将会比规模小的单一高校大学生社区严重得多，因为人数达10万甚至20万的大学城，如果爆发学生群体性突发事件，不仅仅会影响到这个大学生社区的教学与正常生活，同时在转型时期，由于各种矛盾凸显交织，这种事件如果处理不好，有可能引起连锁反应，波及附近的市民与工业企业，导致社会不稳定甚至发生动乱。因此，如何加强与细化这种规模大的大学城学生社区的管理，是一个值得认真研究的重大问题。

三、高校学生社区化管理的对策和成效

（一）优化高校学生社区化管理的对策

1.社区化管理的关键是完善运行体系、解决机制问题

机制是不可或缺的软件，建设好学生社区需完善三大机制，即学生社区运行机制、学生社区志愿者参与机制和学生社区的内部激励机制。

学生社区的运行机制是学生社区得以正常运转的前提。运用学生社区公共设施和相关权力，以满足服务需求为目标，不断提高服务质量，保持服务的功能成本，长期维持服务的再生产，这种周期性的进程状态即是学生社区的运行机制。这一机制本身说明学生社区组织的非营利性，或者说非营利性是学生社区行为的特征之一，是学生社区自我服务、自我调节功能的体现。不断地实现这一机制良性运转的关键是服务质量，服务质量同样也是确立学生社区形象的基础，是学生社区存在必要性的证明。

学生社区的志愿者参与机制是培育学生社区人文生态环境的深层次社会文化问题。在西方发达国家，社区的志愿行为是社区存在的基石。在学生社区中建立一支具备一定数量和质量的志愿者队伍不仅是一种管理现象，更是一种文化现象。事实上志愿者本身即是社区意识的内在有机组成部分，是社区成员积极参与社区事务的显性表现。在学生社区，志愿者的行为是建立一个"以人为本、文明互助、共同参与"的和谐学生社区的重要途径。

学生社区的内部激励机制是学生社区凝聚人心、发挥作用的保证，学生社区的非营利性能否像企业一样产生关注效率的动力呢？这是一个复杂的问题。其一，非营利性组织的动力主要在于获得居民的满意和社会的认可，这是一种深层次的心理需求。市场经济导致人们为利而动，在这种情况下，为他人和社区努力工作的人尤其会得到他人和社会的尊重。其二，个人运用社区职能通过解决社区矛盾进而解决个人问题，是个弥补个体力量薄弱无法对抗集团侵害的有效途径。一个发育良好的学生社区环境通过事务公开化、透明化，将工作者的各种努力、困难、成绩和失误显现出来，靠来自外部的反应去推动自己努力改进工作，从他人眼中看到自己的状态从而调整自己的行为，进而完善自我，即学区的内部激励机制。

2. 借鉴国内外高校学生教育管理模式，不断加强实践探索和理论创新

传统的学生工作观念一直轻视寝室的育人功能，将寝室当作完全的物化性存在，因而在实际工作中只重视学生对生活环境的维护与保持，没有自觉地发挥学生寝室作为学校育人工作环境之一的应有作用。同时，由于工作视角单纯停留于单个寝室，而未能将以寝室为单位组成的学生社区纳入视野，我们也很少注意学生社区育人功能的发挥。再者如前文所说，学生社区不仅有区域概念，同时也具有育人功能，然而对于这一功能的隐性特征，我们未能加以准确地把握。以上种种观念、观点的误区导致我们未能认真地思考学生社区的作用，自然不会进一步去考虑如何建设好学生社区了。

在高校，学生的专业教育一般由各个教学系（院）来完成，学生的思想政治工作则由学校和学院具体的学生工作机构来完成，学生的物质生活需求由后勤部门来满足，而对学生进行未来生活训练，培养其成为遵守社区规范，具备相应社区意识的文明公民的教育任务却没有一个成型的组织来承担，这无疑是大学教育的一个疏漏。从这个角度讲，建立大学生社区，完善学生社区管理是完善高校育人职能，优化高校育人环境的必要举措，是当前高校学生工作迫切需要解决的问题之一。只有意识到了这一点，自觉地将学生社区建设纳入学生管理工作中，并给予其应有的地位，学生社区培养社区现代公民的育人功能才有实现的可能。因此，要加强理论建设和创新一定要贯彻开放办教育的理念，不断增强学习意识与开放观念，不断加强理论建设。高校学生社区化管理需要改革者的开放观念和博大胸怀，通过不断比较发现差距，促使在社区化管理的过程中自觉主动地探索理论，积极准备改革所需的条件，应提倡各高校之间的交流与合作，互促互进，在实践中不断积累宝贵经验，应夯实理论基础，加强理论建设创新，为高校学生社区化管理向纵深发展而共同努力。

3. 教育管理结构和"管""教"关系的调整和平衡

学生社区建设是一项系统工程，必然需要对原有学生社区管理结构进行调整，科学处理教育和管理的职责权关系。首先必须结合高校实际对原有学生工作进行结构性调整，并建立健全相应的规章制度，要从根本上解决这些问题，还需要处理好管理载体、教育平台、育人方式等全方位的问题，头绪纷繁芜杂，加之

无成型的经验可借鉴，面临的问题和难度都还较大。但以结构调整作为切入点，是一个比较可行的思路，但需要处理好以下几个关系。

（1）处理好校学工部门、团委与学生社区总管理委员会的关系

学生社区总管理委员会（以下简称"学生社区总管委"）是校学工部的职能部门之一，是学生社区管理中最具有实权的管理层次，尤其在实现学生社区的维权功能方面，其作用更加明显，学生社区主要通过总管委实现与相关部门的平等对话，解决实际问题。团委介入学区管理，主要体现在对学区成员的思想教育与严格管理方面。各学院的学生工作办公室的主要负责人一般也是学院的团总支书记，因此共青团这条线的介入有利于加速形成一支由各院（系）团总支专职干部、各学生辅导员组成的宿舍思想教育、纪律管理、寝室内务管理的队伍，有利于各项活动的协调，保证宿舍后勤管理的顺利开展。同时，团委是学生思想政治工作与校园文化工作的主角之一，团组织又直接指导各级学生会组织，有利于将寝室文化活动纳入整个校园文化建设中去综合考虑，从而引导寝室文化向高层次发展。

（2）处理好校学工部门与社区的关系

对于单一高校组成的学生社区而言，这层关系可以体现某种专业特色。以专业安排学生寝室的高校，可使整片宿舍区基本上也成为一片专业区，很多基层工作需要这一层面来组织和解决。高校学生工作部可以通过本校学生会来协调与支委的关系，这其实也是将基层学生工作重心由班级向寝室转移的一种方式，从而使学区成为校园内各项学生活动展开的活跃区域之一。对于多所高校组成的大学城而言，这种关系还必须增加一层关系，即各学校学工部门与大学城管委会之间的协调关系，各类管理工作与活动除了考虑本校的相关特色外，还应与大学城管委会协调，通过管委会与大学城内其他高校协调，使其活动或管理产生更大的规模效应。

（3）各级学生社区与社区总管理委员会之间的纵向关系

各学生社区管理委员会在人事安排上是一致的，都是根据三大职能安排负责人。学生社区总管理委员会由专职政工组成，负责相关政策的制定、处理学生社区与校内外各社会机构关系、领导学生社区等工作。各分委的工作重点落实在学院一级，它依托学生专业而保持相互之间的独立性，同时与总管委保持一致性。各支委是学区管理的基层组织，它直接与楼层和寝室发生联系，同时也可在力所

能及的范畴内与相关单位交涉学区事务，因此也应具备相对的独立自主能力。

（4）制度和机构设置要同步

为了学生社区工作的顺利开展，制定诸如《学生社区居民公约》《学生寝室管理条例》《学生社区安全保卫制度》《干部教师联系学生社区制度》等相关制度是必需的。但从目前学生工作的状态来看，能否保障学生社区管理委员会具有相应的学区管理权利，能否保障学生作为学区居民与学校、后勤等部门具有平等对话的权利以及能否保障学生通过民主渠道参与学区乃至学校相关事务是影响学区生命力的决定性因素。

（5）根据学生社区职能，设立相应的管理机构

从人事角度处理，在大学城管理总委、分委、支委上各自安排人员以执行这三大职能。学生社区管理支委设学生社区区长一名，副区长一名，志愿者队长一名，也可根据实际情况适当增加管理人员数量，从而形成学生社区区长、志愿者队长、楼长、寝室长为主的学生社区管理基层机构。校院级学生社区管理机构可在原有学生寝室管理机构的基础上合理增加或加强学生社区的相应职能（如学生权利维护等）。这种管理方式并未对原有的学生管理结构作大幅度的调整，从而使其更具有现实的可行性。学校、学院、楼层（或公寓）三级管理有助于发挥三者的不同优势，校学工部、院学工办和院学生会的介入使学区工作顺利的纳入原有学生工作的轨道，从而保证原有学生工作的连续性，方便学校相关部门对学区工作进行帮扶指导。当然这种管理布局也不是适合所有院校，对于学分制下学生打破专业界线随机生成寝室成员的高校，这种方式便不适用了。对此，还有一种更加彻底的解决办法，即在学生会组织直接设立在各个学区之上，由校学区管理委员会和校团委直接指导各个学生社区的工作。

（6）细化管理规章，解决管理的薄弱环节

这对于多所学校组成的大学城管理尤为重要。一定要通过管理规章的细化与统一，解决不同学校在管理上的疏漏，杜绝那种利用不同学校管理体制上的疏漏而达到使某种不合理现象得以生存发展以致酿成大事故的现象发生。

现阶段，各地的学生社区建设面临许多新问题：学生社区规划问题、党的组织问题、学生社团活动如何与学区管理结合、学区矛盾与纠纷是否应用法律手段

解决等，这些问题都会现实地摆在我们面前。但无疑实行学区管理是符合高校教育规律的，它体现了思想政治教育与规律工作相结合，融于学生具体生活实践的德育原则，提高了学生工作的规律层次，有利于学生自立、自主、自强意识的培养，有利于为社会培养具有现代人文意识、现代生活观念的社会主义新型公民。

（二）高校学生社区化管理取得的成效

实践表明，实施学生社区化管理不但可以较好地应对高校后勤社会化改革与教育教学改革给高校学生教育管理带来的新机遇、新挑战、新任务和新问题，而且使学生党建与思想政治工作的着力点更明确、体系更完善、育人机制更健全，对学生的教育管理成效也更明显。其主要作用表现在以下几点。

1. 有利于优化服务和成才育人环境

在以社区党总支为核心的管理体系中，综合利用好各种服务机构，加强统一指导，能为学生的成才提供一个更加完整、科学、有序的体系和空间，使社区的管理和服务更加快捷、完备。社区化管理可以科学整合各种资源，增强教育管理合力，在社区管理体制下诞生各种健全、富有活力的社团组织，为社区创造了丰富多彩的科技文化氛围，为学生素质的拓展提供了更加立体的空间，对学生个体知识结构的完善、个性的培养和素质的拓展发挥了积极作用。从管理和经营角度提出社区的统一管理思想和教育理念，为学生的成才和教育机构的育人提供了更加优化的内外环境，能够有效保证高校连续扩招后教育管理质量和学生素质的稳步提高。

2. 有利于贯彻"以人为本"的管理理念，更加优化育人效果

社区化管理营造出了以人文素质、健康成才教育等为主要内容的德育氛围。在这个氛围中，学生真正成了学校服务的对象和主体，自始至终坚持把学生的成才放在第一位。如果要在整个教育过程中真正地贯穿这一主旨，就必须为学生的成长与发展提供良好的物质条件，在此基础上创造良好的"求知、求真"的学术氛围，营造出一种以人文素质、健康成才教育等为主要内容的道德文化育人氛围，给予学生一种积极的引导，使学生在良性的德育氛围的感染熏陶下主动去锻炼、提高自己，最终培养学生良好的生存适应能力。

3.有利于增进各学校、各级组织与学生之间的交流和情感联系

近几年不断出现的学生与学校间的法律纠纷一度成为整个社会关心的热点问题，专家指出发生这些问题的一个很重要的原因是学生与学校之间缺乏必要的平等的交流与沟通，因此引发出学生、家长、社会与学校之间的诸多矛盾。而社会化管理改变了师生以前对社区化管理改革的消极认识及评价，通过政工人员和学生社区中的党团组织机构与心理咨询机构的工作，缩短了学生与组织间的空间距离和心理距离，进一步体现出思想政治教育应具备亲和力和感染力的特点，师生之间、学生与组织之间、学生与学校间的关系也更加自然和谐。

四、高校学生社区化管理的发展方向

（一）人性化管理趋势

人性化管理源自企业管理范畴，指以情服人来提高管理效率。通俗地讲，人性化管理的实质就在于充分尊重被管理者的自由和创造才能，从而使得被管理者愿意怀着满意或者是满足的心态以最佳的精神状态全身心地投入到工作当中去进而直接提高管理效率。人性化的管理是情、理、法并重的管理，而不是放任管理。这种管理精神对高校的学生社区化管理同样适用。

人性化管理的核心是以人为本，充分相信学生的自我管理能力，尊重学生的权益，鼓励学生的自主和创新，不能把学生当作没有思想甚至没有自主能力的群体。高校学生社区化管理要实现人性化，管理者首先要看到每个学生身上的闪光点和个性，以亲和的态度去了解他们、关心他们、教育他们，进而管理他们。如可以推进高校政工干部进入学生社区。学校选派优秀的学生工作干部进社区，与学生同吃、同住、同生活，社区老师经常深入寝室，了解学生的生活状况和思想动态，帮助学生解决实际困难，把解决学生的思想问题与解决实际问题密切结合起来。政工干部进进社区，对转变政工干部的观念和学生的认识，加强学生与辅导员之间的沟通，拉近与学生的距离具有实效，能够真正做到使思想政治教育工作贴近学生学习、贴近学生生活、贴近学生心理，确保思想政治工作的有效开展。同时，社区管理者以身作则，也可以强化管理者的人格魅力。

人性化管理将对教育管理者提出更高的要求。要求放下管理者以上令下的

特权，抛弃先入为主的视角，重新审视师生关系，科学处理制度与人的作用间的关系。人性化管理拒绝以制度和惩罚措施"吓人"，而是以管理者自身的人格魅力去教育人，去说服人，构建一种深层次的管理者与被管理者间的和谐关系。具体来说，学生工作部门和具体执行者要首先严格要求自己，做到制度制定的合理性、科学性和可操作性，制度执行的一致性和公平性，以及针对特定情况的灵活性；在接触到具体管理对象的时候要以人性的关怀和理解为管理动力，寻求二者间的良性互动，从而达到思想政治工作需要的效果。

（二）智能化管理方向

管理智能化，就是借助信息技术手段，建设学生生活网络和社区管理服务网络，用计算机等现代科学技术进行科学的管理和服务，体现高效管理，实施高效服务。将几幢学生宿舍形成的社区实行联网管理，学生进出公寓进行红外刷卡管理，减少管理人员，杜绝外来人员的进入；对社区内部的床位、电费、水费管理等都实行智能化管理系统；在此基础上增设学生社区BBS、公寓管理员信箱和住宿信息、电话号码、火车时刻、住宿费、超额水电费、卫生考评等网络查询功能，将现实世界、书本世界和虚拟世界有机结合，通过网络服务平台为学生提供更加方便快捷的生活网络服务。

学生社区的智能化管理就是建立智能社区，进行各方面的管理，促使管理模式的合理化、管理方法的科学化。智能化社区的建立，对学生公寓的安全管理，尤其将学生进出、消防报警、用电负载识别等上升到一个全新的层面。广泛运用计算机平台的自动化技术和智能化技术开展这些工作，可以大大提高管理效率的准确性、可靠性和安全性，还可以解决许多单靠人力不能解决的问题。通过实时计算机管理，随时了解入住学生的基本情况和日常动态，形成服务方与学生之间的双向联系，形成社区管理信息的流通，推进管理科学化、智能化的进程。

（三）转变服务观念，构建服务型社区

所谓服务型社区，就是在几个公寓形成的智能小区内建立新型的现代化的学生社区，为学生提供社会化的服务经营管理，并且成为社区的主要管理内容。学生生活社区是学生的生活区域，按照学生社区的管理模式，采用社区化的管理服务办法，着重在为学生提供优质服务上下功夫，形成新型的服务型学生社区。新型的学生社区建立后，富余出来的管理人员全部投入学生社区中，为学生提供全方位的服务。在社区内设立各类服务网点，设立小型的超市、书店、洗衣间等配套服务设施，使学生在社区内部就可以获得多种服务。在社区的网点内设立学生勤工助学点，为学生提供社会实践机会。

学生社区建立的同时，要有基本的学习生活设施，要健全社区生活指南，以各种文体活动为载体，加强学生社区的文化建设，全面推进学生素质的发展。在学生宿舍内外建造和张贴由学生自己设计制作的各类人文景观及人生格言、警句、艺术作品等；在学生社区内设立学生阅览室、广播台、宣传橱窗、文体活动中心及由学生参与勤工俭学的超市、书报亭等勤工助学基地；还可以在各社区内举办各种学生自编、自导、自演的大型文艺晚会、音乐会，主办篮球赛、演讲比赛、寝室设计大赛等丰富多彩的文化娱乐活动，寓教于乐。通过这些活动的开展，提高社区的文化氛围，提升学生的综合素质，使得学生社区不仅成为学生学习的园地、生活的社区，还成为开展思想政治工作和培养学生成才的坚实阵地。

第四节　高校学生社会实践规范化管理模式

高等学校对人才的培养途径是多种多样的，正确引导学生参加社会实践就是其中重要的一种。在早期的大学里，人才的培养主要是通过在课堂上系统地传授理论知识来达到的。随着社会生产力的不断提高和发展，对教育和人才培养也提出了新的目标，这种仅仅靠传授理论知识的方式已渐渐显得不适应。因为现代化的生产过程不仅要求人才掌握大量的理论知识，而且还应该具有较强的动手和创造能力，具有科学的社会观和责任感，具有较高的道德素质和心理素质，这些方面仅仅靠课堂教学是难以完成的。所以，现代工业产生后，社会实践就作为一种重要的教育方式被引进大学的教育过程，其重要作用日益引起人们尤其是教育工作者的重视。

一、高校学生社会实践的科学内涵

高校学生社会实践是一种以实践的方式实现高等教育目标的教育形式，是高等学校学生有目的、有计划地深入现实社会，参与具体的生产劳动和社会生活，以了解社会、增长知识技能、养成正确的社会意识和人生观的活动过程。大学生社会实践是高等学校教育活动的重要环节，它与课堂教育相辅相成，共同完成高校的人才培养任务，实现学生的全面发展。

高校学生社会实践对大学生的全面发展具有重要的意义，具体来说主要表现在以下几个方面。

（一）社会实践是大学生树立科学世界观的需要

世界观是人们对世界的一般看法和根本观点。任何正常的人在其生活的过程中都会形成自己的世界观，但由于个人生活环境、所受的教育和影响不同，人的世界观也有很大差异。总的来说，世界观有正确和错误之分，而将正确的世界观理论化、系统化就成为科学的世界观。大学生树立正确的世界观需要靠两个方面的努力：一方面是大学生要经常与社会接触，不断突破事物的表面现象，深入事物的本质，从而不断校正原来从现象上获得的肤浅的或错误的认识，使自己的认识符合事物的本质及规律；另一个方面是要对大学生进行系统的思维训练，通过学习前人正确的世界观理论，了解人们在世界观上容易走上歧途的种种可能，让大学生对自己的世界观进行经常的反思，并不断地充实新的科学的内容。因而社会实践对大学生建立科学世界观很有必要。

1. 参加社会实践活动是建立科学的人生价值观的需要

通过开展大学生社会实践活动，我们发现社会实践活动对大学生形成科学人生观至少有如下的作用：（1）它可以帮助大学生摒除理想中不符合实际的因素，使他们正确对待个人与社会的关系，培养踏踏实实的工作作风；（2）它可以帮助大学生树立坚强的意志，培养无私奉献的精神；（3）它可以帮助大学生接近群众，深入群众，为走与群众相结合的道路打下良好的基础。

2. 参加社会实践活动是培养社会主义信仰的需要

大学生在不久的将来，就会踏上工作岗位，成为祖国的栋梁之材，肩负起全面建设小康社会和实现中华民族伟大复兴的历史使命。因此，培养大学生的社会主义信仰是大学生思想政治教育的首要任务。而对社会主义的感情仅靠读书是得不到的，必须通过对社会主义给中国带来的巨大变化、给广大人民带来的实惠中亲身感受和体验。

3. 参加社会实践活动是大学生确立唯物主义历史观的需要

大学生正处于青年时代，可塑性很强，是世界观、社会历史观形成的关键阶段。大学生系统的专业知识学习和思维训练，对于形成唯物主义历史观固然是大有帮助的。但就目前情况看，在校大学生年龄普遍较小，接触社会的机会不多，社会经验不足，大部分同学对社会的看法简单化、片面化、理想化，这对大学生形成正确的历史观十分不利。克服这一不利的根本途径就是让大学生走出校门，深入社会生活，在社会实践中了解社会，从实践中发现真理，在实践中发展真理。这样，才能使他们的历史观与现实生活相符合。

当然，社会实践中接触的都是具体的社会事物，不可能通过一两次实践就改变了对社会历史的看法。不过，处在形成过程中的大学生的历史观是容易发生变化的，一旦接触了较多的社会事物，加之正确的引导，就会使他们的历史观发生转变。我们知道，只从政治理论课上学习历史唯物论只能学到"知识"，而要使知识转化为信念，使所学的理论真正转化为学生的历史观，必须通过社会实践。

（二）社会实践是大学生社会化的需要

社会化是指个人与社会生活不断调适，使个人由"自然人"发展为"社会人"的过程。大学生正处于社会化的最后阶段，显然，在许多方面已趋向成熟，但为了适应社会生活，仍需进一步学习。社会实践可以增强大学生的社会责任感。很多高校组织学生到基层开展社会实践活动，使同学们提高了对改革的复杂性、艰巨性的认识，增强了他们的社会责任感。在社会实践中，越来越多的大学生认识到，社会需要的不是冷漠的旁观者，也不是抱有同情心的捧场者，而需要的是热情的、直接参加这项伟大建设工程的人。通过社会实践，许多大学生克服了原来自视清高的习气，自觉并充满激情地投入学习、生活和工作中。社会实践可以推进大学生实现社会角色转变。社会实践活动能够帮助大学生找到自己和社会要求之间的差距，看到自身知识和素质上的缺陷，启发学生对自己进行重新认识和正确估价，促使学生从过去的"唯我独尊"的幻想回到现实，重新确立自我价值实现的基点，在纷繁复杂的社会中找到个人和社会的最佳结合点。社会实践可以促使大学生与长辈们沟通代际关系。由于当前一些大学生图安逸怕吃苦，自视清高；反过来，却认为他们的父辈过于保守、正统。两代人之间形成了一层无形的隔膜，究其原因，主要在于有些大学生缺少对他们父辈的了解，他们看不起父辈们那种思维方法和生活方式。在社会实践中，大学生以普通劳动者的身份，直接参加社会财富的创造活动，培养了他们尊重劳动成果、尊重父辈们的思想感情。总之，在社会实践中，两代人之间可以相互沟通和相互理解，彼此消除对对方的偏见，进而有效地促进两代人之间的有机结合。

（三）社会实践是提高大学生能力的需要

当代大学生在一定程度上存在着眼高手低、忽视社会实践、脱离群众、动手能力弱等不足，而积极踊跃地参加社会实践活动，有利于弥补大学生的这些不足。当代大学生绝大多数是在学校的围墙中长大的，而且越来越"小龄化"，大都走的是从小学到中学再跨入大学的升学之路，从而造成他们的社会阅历浅，社会经验少，实践经验匮乏等弱点。受片面追求升学率的思想影响，许多学生只注意书本，不注意社会实践，"高分低能"的状况比较严重，这严重影响了他们在各项建设事业中发挥作用，延缓了他们成才的进程。怎样才能缩短这一距离呢？实践是其唯一的桥梁。只有通过实践活动，才能使书本知识与实践操作合二为一。事实证明，通过开展社会调查、科技咨询、信息服务、义务劳动等社会实践活动，不仅可以使学生的智力资源得到直接的、有效的开发，达到分数与能力的统一，书本知识与实践的结合，还可以使个性不同的学生通过实践活动各获所求，各取所需，"缺什么，补什么"，从而有效地完善了现行的教学方法，弥补了大学生自身的弱点和不足。

（四）社会实践是知识分子与工农群众相结合的需要

回顾历史，凡是有所作为、有所创造的青年和知识分子无不投入轰轰烈烈的社会实践中。许许多多的政治家、经济学家、教育家、军事家、文学家等都是在社会实践活动中茁壮成长起来的。他们在实践中身体力行，为我们提供了光辉的典范。所以，只有广泛、深入地参加社会实践活动，才是大学生健康成长之路。

（五）社会实践是全面建成小康社会、实现社会主义现代化建设的需要

当代的大学生，将成为21世纪初期我国社会主义现代化建设的骨干力量，大学生参加社会实践，可以在社会主义物质文明、精神文明、政治文明建设中大显身手，在专业知识、社会实践和树文明新风的社会实践中促进经济、政治、文化的平衡发展，从而为全面建设小康社会起到积极的推动作用。

二、高校学生社会实践的具体实施

（一）高校学生社会实践的内容

1. 社会调查

深入城镇、乡村，开展社会调查、考察；深入城乡各地、部队科研院所、企事业单位开展社会考察和社会调查活动，从而引导学生了解社会、了解国情，同时对社会和企业的发展献计献策。社会调查和考察的直接目的是了解社会的实际情况，认识社会现象的本质及其发展的客观规律，是一种搜集和处理社会信息的方法，在现代社会具有越来越重要的作用。当前，大学生社会调查逐渐向专题化、重效益、重应用方向转化。社会调查的内容很多，例如，可通过走访工农群众、干部、军人、知识分子等，开展对社会现状的调查；也可通过了解城乡经济发展现状，开展国情民情考察；也可通过了解科技对经济和社会发展的影响，开展依靠科技进步及科学管理发展经济的专题调查等。并且社会调查方式也比较灵活，有文献调查法、访问调查法和问卷调查法等。

2. 文化服务活动

深入城镇社区和贫困乡村，开展文化培训、科普讲座、法律宣传和咨询活动，服务社区和乡村的两个文明建设。

3. 科技服务活动

科技服务活动面向经济建设主战场，面向城镇社区、县乡的中小型企业、

乡镇企业，结合所学专业，发挥技术特长，在教师的指导下开展科技攻关、工程设计、科技成果推广、科技咨询和技术服务等活动，使科学技术为现实生产服务。

4. 信息服务

信息服务是指通过一定的途径把人才、工农业、科学技术及社会生活等方面的信息资源的开发利用情况提供给被服务单位，并把被服务单位的信息传递出去，以期取得一定的人才效益、社会效益和经济效益。大学生通过在校的学习，掌握了一定的专业知识，可以通过开展信息服务把信息资源的开发过程及成果传播到各个领域，进一步加以利用，在信息资源的开发利用之间架起了一座桥梁。

5. 互动活动

大学生党员与城市社区党员、农村基层党员、企事业单位党员在建立党的先进性教育长效机制中的互动活动。

6. 教学实习

教学实习是教学计划内的社会实践，是在教学计划规定的时间内进行的，要求每个学生必须参加并取得学分，是实现专业培养目标、保证人才品格质量的必修课。教学实习，包括认识实习、生产实习、毕业实习等，是理、工、农、医等专业大学生社会实践的主要形式，是把生产劳动引入教学，对大学生进行思想政治教育、职业道德教育、专业教学和职业训练的基本环节。

7. 勤工助学

勤工助学对学生个人和国家都有重要的意义，对个人，它有助于学生个人的成长和成才；对国家，它有助于国家高科技人才的培养，有助于国家教育制度的改革和教育的不断发展。在假期，通过做兼职教师、推销员、打字员、秘书以及酒店服务员等工作，一方面，可以在一定程度上解决贫困生的经济问题；另一方面，也是高校开展社会实践活动、培养学生自立自强精神的有机组成部分。

8. 公益劳动和文明共建活动

具体说来主要包括校内公益劳动，校外社区服务活动，与企事业单位、部队、科研院所、乡村、居民委员会等单位开展其他形式的文明共建活动。

（二）高校学生社会实践的形式

1. 活动型社会实践活动

这种社会实践活动以文化、科技、卫生下乡为主，通常做法是学校与某地联合，在某地以学校为主，组织一台甚至几台文艺演出，动员群众前来观看，或组织大型的科技咨询、文化宣传、医疗服务活动，场面宏大，气氛热烈，影响也较大，但投入多，组织复杂，参与学生也不是很多。目前这种社会实践活动已成为学生社会实践活动的主要形式，但值得改进。

2. 参观型社会实践活动

这种社会实践活动通常是组织学生到风景名胜、工厂参观考察、座谈了解，虽然对学生能起到一定的教育作用，但与现在的公款旅游有些类似，除了增进学生之间的友谊，加深学生对祖国大好河山的了解以外，能真正达到受教育的目的的可能较少。于是学校就把这种社会实践活动作为对优秀学生或学生干部的奖励，组织少量学生参加，但花钱较多取得的效益却不大。

3. 课题型社会实践活动

学校以老师牵头，各相关年级学生参加，组成课题小组，承担政府或企业的课题，通过广泛深入的调查宣传活动，对课题进行攻关。这种社会实践活动，学生参加的积极性比较高，而且能得到一定的社会资金的支持，也能长期开展下去。

4. 生产型社会实践活动

这种社会实践活动以高年级学生、研究生、博士生参加为主，他们参加生产活动的某一环节，成为其中的一员。一方面，既利用自己已有的知识促进生产的发展；另一方面，又在实践中学到了书本上没有的知识，相得益彰。这种社会实践活动花钱不多，但效果实在，达到了帮忙不添乱的目的，有较强的生命力。

5. 挂职型社会实践活动

这种社会实践活动主要是以组织的形式到机关、社区、乡村挂任各种职务的助理，做一些社会工作。这种社会实践活动受到机关、社区、乡村的欢迎，但目前参加的人数较少。

6. 互动型社会实践活动

这类实践活动的参与者既有大学生，又有城乡基层的市民、农民。在活动中，他们互为参照对象，通过相互学习、相互帮助，不仅双方共同获得进步，同时也促进了社会主义物质文明、精神文明和政治文明建设。

7. 学生自发型社会实践活动

学生在假期，通过参加社会招聘活动、上门自荐活动等形式，参加到各种社会生产活动中去，除体验社会生活活动中的酸、甜、苦、辣外，还能利用自己所长，在为社会服务的同时，取得一定的报酬，补贴学习或生活所需。这种社会实践活动除参加的学生较多外，学校支出也不是很大，应该进行鼓励。

三、高校学生社会实践的制度化建设

高校把大学生社会实践活动纳入整体教育计划，通过制定短期规划、长远规划和配套文件，形成一套完善的大学生社会实践制度。它对实践活动的指导思想、方针原则、目标要求、形式内容、方法途径、时间要求、成绩考评、工作量计算、奖励办法、组织领导以及有关政策都做了明确的规定，并随着学校体制改革不断加以修订，使活动贴近学校发展实际，使活动有章可循。一个成功的实践制度，应包含以下内容。

（一）社会实践活动领导小组制度

学校应成立由分管学生工作的党政领导和教务、科研、总务、学生处、团委等部分单位组成的学生社会实践活动领导小组，负责对全校社会实践活动进行统筹安排，制订计划，组织落实，各院、系、部成立由分管学生工作的党总支、副书记、副主任、团总支书记与辅导室主任等参加的社会实践领导小组，负责本系学生社会实践活动计划的制订与实施。同时，也可吸收校外人士，如地方政府负责领导，地市团委同志及企业负责同志共同组成社会实践活动领导小组，建立友好关系，以便于高校社会实践在地方、企业的顺利开展。

（二）完善两种不同类型的社会实践基地建设制度

随着大学生社会实践活动不断走向成熟，社会实践基地建设制度也成了一种趋势，相对于实践初期的分散、随机活动，基地活动可以有长远的计划，为培养人才制定完备的方案，同时，也有利于基地方与校方建立长期互惠关系，使社会实践在双方自愿的基础上健康发展。社会实践基地制度建设包括两个方面的内容：一方面是为教学研究服务的社会实践基地的制度建设。这类基地建设包括城市工商企业、农业生产单位等。另一方面是思想政治教育和党建社会实践基地的制度建设。这类基地包括城市社区、农村基层组织、各类爱国主义教育基地（革命纪念馆、革命博物馆和烈士陵园等）。

（三）实行两种不同类型社会实践的指导教师队伍建设制度

开展大学生社会实践活动的经验证明，实践活动要取得成效离不开教师的积极参与。因此，必须建立社会实践指导教师制度。两种不同的社会实践需要不同的指导教师，为教学研究服务的社会实践由专业教师或相关专业的技术人员作指导教师；思想政治教育类的社会实践，由政治辅导员、政治理论教师或校外政工干部作指导教师。借助指导教师在人格、理论、知识、专业上的优势，增强社会实践的生命力，完成在实践过程中全方位育人的功能。制定社会实践指导教师制度一般要考虑以下因素：①基地的性质（教学研究服务的社会实践基地与思想政治教育的社会实践基地，两种不同的社会实践基地对教师的要求有所不同）；②学校的有关政策；③教师的地位和作用；④实践过程中的组织领导；⑤纪律要求；⑥地点的选择和安排；⑦职称评审和职务晋升；⑧工作量的计算。当然要注意与由学校相关职能部门及分管学校领导组成的领导小组协调进行。

（四）社会实践考核与激励制度

考核激励是提高社会实践活动成效的有效方式之一。对大学生参加社会实践活动定内容、计学分；对教师定任务、计工作量；院、系、部、教研室制定规划和考核措施；对社会实践活动情况要做到"八个挂钩"，即：与学生德、智、体综合测评成绩挂钩；与奖学金挂钩；与评选先进个人和集体挂钩；与团员民主评议、推优入党和推荐免试研究生挂钩；与评选优秀党团员挂钩；与大学生的学分挂钩；与单位和个人经济利益挂钩；与教师工作量和干部业绩的奖惩挂钩。这样，才能调动大学生、广大教师干部以及社会各界、各单位参与社会实践的积极性、主动性，使社会实践形成有机运作、自我驱动、有轨发展的动力机制。

四、高校学生社会实践的发展趋势

（一）实践组织的科学化

作为系统工程的大学生社会实践活动，要获得最理想的效果，不仅取决于实践活动的社会化程度和实践制度的规范化程度，还取决于实践组织过程中的科学化程度。大学生社会实践活动，作为高等教育的重要组成部分，社会将会对它提出越来越高的要求。而实践组织的科学化，正是要通过不断地研究社会实践的基本规律，并严格遵循规律组织实践活动，来动态地满足社会的要求。因此，实践组织的科学化，就成为社会实践活动发展的必然趋势，它将贯穿于社会实践活动的全过程。而具体实践组织过程中实践组织的科学化，又依赖于实践活动有机组织系统的确立和科学组织理论的指导。

1. 实践目标设定和方案优选的科学化

实践目标设定和方案优选实际上是实践活动的设计过程，它将确立的是整个实践活动的蓝图和指南，因而也是整个实践系统工程释放最大量最优化工程的基础环节。要使实践目标设定和方案优选科学化，就必须做到以下几点。

（1）实践目标设定基本科学

所谓实践目标设定基本科学，应包括三个方面的内容：①要求实践目标的切实性，即实践目标的设定绝不是组织者一时意志冲动的结果，而是在对社会、学校、个人三方面要求深入调查的基础上做出的，通过努力可以达到的；②要求实践目标的层次性，这个目标又包括两个层次：第一个层次是总体目标，即培养社会主义事业的接班人，第二个层次是具体目标，它既是总体目标的具体化，又是总体目标的分解，规定具体实践活动所要完成的任务；③要求实践目标的发展性。由于教育活动周期较长的特有规律，实践目标的设定不仅要以现实为基础，还要以未来对人才需求的趋向为依据。

（2）实践方案优选基本科学

实践方案优选的好坏，不仅关系着活动目标能否完成，而且决定着整个实践能否成功。一般来说，实践方案优选：首先，需要遵循方案设计的广泛性原则，即要从多方面、多角度的设定方案。其次，实践方案优选还要遵循方案选择的民主性原则，即优选方案应征求实践组织者、实践参加者的意见。最后，实践方案优选需要遵循方案确定的最优化原则，即优选方案必须考虑到活动时期社会的需求，参与实践者的客观条件与主观性限制等。

2. 实践方案实施的科学化

实践方案实施的科学化，就是要尽量减少方案实施的阻力，以更好地完成已设定的实践目标。因此，要求实践组织者在实践活动本体运行前，必须注重实践客观条件的准备和实践主体的调适，像资金的落实到位，实践基础的准备情况，实践指导老师的确定等；在实践活动本体运行中，必须注意对反馈信息的收集、整理、分析，并在此基础上对实践方案、实践活动本体、实践活动主体进行调控。

3. 实践成果总结的科学化

要达到社会实践培养社会化大学生的目的，就必须认真做好总结、消化、吸收工作，从而进一步深化社会实践的成果。

加强社会实践活动各环节、各方面的考核，即：①要考核大学生在实践中的表现，包括参加社会实践的时间长短、态度好坏、所在单位的评价；②要考核大学生实践的收获，着重看学生认识国情、了解社会、认识自己的思想觉悟的提高和知识、智力、技能的提高；③要考核调查报告、心得体会的写作质量。同时，上级组织者还要考核下级组织者各方面的组织情况。

扩大成果，将单个的社会实践成果转化为大学生共同的精神财富。要举办社会实践心得交流会，让学生谈体会，交流实践感受；要举办实践成果展览，让更多人受到启迪教育；要举办跨校成果评比交流，让实践成果在不同高校间流通。

升华思想，把感性认识上升到理性认识。要重点抓大学生对坚持社会主义道路、树立为人民服务人生观、走与工农相结合道路重要性的认识；要重点抓大学生对艰苦奋斗重要性、改革开放重要性、解放思想重要性的认识。

在实践中体会和总结组织理论，并运用理论进一步指导社会实践。各级实践组织者，要通过实践组织理论的研讨、交流，进一步深化社会实践管理经验，使社会实践在广度、高度、深度上进一步发展，更好地为培养社会化大学生服务。

（二）实践制度的规范化

实践制度规范化的目的，是为了使社会实践活动做到有章可循、有据可依，保证社会实践活动持续有效地开展。实践制度规范化的标志是富有权威、系统全面、切实可行并具有自我发展机制的实践制度体系的建立。

1. 实践制度的规范化是社会实践活动发展的必然趋势

人的思想认识不能代替规章制度，没有完善的、系统的规章制度，不注意实践制度的规范化，只凭各级实践组织者的临时决策组织实践活动，决策正确，则可促进实践成果的取得；决策失误，往往会阻碍实践的深入。因此，要保证社会实践持续稳定的发展，必须改变人治局面，完善实践制度。当前加强实践制度的规范化工作，不仅非常迫切，而且非常必要。加强实践制度的规范化工作，有利于促使全社会的力量来共同关心、组织大学生社会实践活动，形成全社会组织大学生社会实践活动的强大"合力"；加强实践制度的规范化工作，有利于实践组织的科学化。

由于现实的实践基础已经存在，加强实践制度的规范化工作已成为可能。当前，各级党政群团组织、各个高校已开始了社会实践工作，不少企业也为实践活动的开展提供了资金、基地和其他各种方便，且近年来已制定了一些关于社会实践活动的规章制度，这些有利因素为强化实践制度的规范化奠定了较为坚实的基础。

2. 实践制度规范化的标志是实践制度体系的建立

在各级实践组织者对实践制度正确制定和共同协调的基础上，实践制度必然逐渐趋于规范化，而实践制度达到规范化的标志，是富有权威、系统全面、切实可行并具有自我发展机制的实践制度体系的确立。如果能够建立起具备这样特征的实践制度体系，就标志着实践制度已达到了规范化的程度。

3. 实践制度的规范化要求各级实践组织者必须制定出正确的实践制度

实践制度的规范化，绝不是各种实践制度的单独罗列，也不是各种实践制度的简单相加，而是要在各级实践组织者协同的基础上建立科学的实践制度体系。这个体系首先要求各级实践组织者正确地制定制度，同时要求制定的各种实践制度相互衔接，对于衔接不紧密的地方，应及时加以调整。

（1）高校对实践制度的正确制定

在高校，大部分社会实践活动是由思想政治工作部门（学生处、团委、学生会等）来组织实施的。由于学校、社会的各种因素的影响，其主要利用假期进行，由于缺乏制度和支援保障，严重制约了大学生社会实践活动的深化。为改变这种状况，就必须加强高校大学生社会实践中的制度化建设。首先，高校应将社会实践活动纳入学校教育、管理工作的体系中去，由相关职能部门组织落实；其次，将学生社会实践活动的表现以及成绩作为全面考核大学生素质的重要内容；最后，要建立相应的制度，保证教师组织参与社会实践的积极性。

（2）党和政府对实践制度的正确制定

在实践制度的制定方面，党和政府必须起到宏观统一管理制度制定的作用。要首先着眼于建立统一机构，实行统一规划、统一决策、统一目标、统一评价，促成社会实践活动的统一性、系统性、整体性、持续性，充分发挥社会各界的力量，保证社会实践发展的正确方向。同时党和政府作为核心的组织者，要协调各个单位部门之间的关系，激发各个单位部门的责任感和积极性。

（3）社会团体和企事业单位对实践制度的正确制定

在众多支持社会实践活动的社会团体（如工会、共青团、青联、学联）中，共青团起着众所周知的主导作用。在制定制度的过程中，团组织要通过量的指标确立各级团组织的组织实践任务，并通过对岗位职责的定期考核和将考核结果作为团组织的工作评价内容，来激发各级团组织和团干部组织实践活动的责任感和积极性。各级实践组织者对实践制度的共同协调。

大学生社会实践活动作为系统工程，要求各级实践组织者制定的实践制度必须协调一致，对于不能衔接的地方，应予以调整。各级实践组织者必须首先注意认真学习实践组织核心即党和政府所制定的实践制度，在了解统一规划、统一决策、统一目标的基础上，制定自己的实践制度，同时加强各方的沟通和联系。

（三）实践活动的社会化

大学生社会实践活动，作为教育活动的主要形式之一，具有三个基本的构成要素，即实践活动组织者、实践活动本体和实践活动主体。因而，实践活动的社会化，也由这3个构成要素的社会化来组成。而这3个构成要素的社会化，则分别有其不同的含义。实践组织者的社会化，是指动员全社会的力量来关心、组织大学生的社会实践活动，这是实践活动社会化的基本条件；实践本体的社会化，是指具体实践活动过程的内容与形式，必须以社会需要和社会所提供的条件为基础，这是实践活动社会化的重要途径；实践主体的社会化，是指通过实践活动，把社会的价值体系内化为实践参加者（大学生）的价值体系，使之成为高度合格的社会成员，这是实践活动社会化的根本目的。由此可见，实践活动的社会化，就是指动员全社会的力量，组织以社会需要和社会所提供的条件为基础的实践活动，达到把大学生培养成为高度合格的社会成员的目的。

1. 实践活动本体的社会化

实践活动本体是大学生有目的地与外界不断发展的现状发生联系，并相互作用的具体实践过程。这一过程是大学生不断强化自身本质力量，促进自身全方位社会化的重要途径。实践活动本体的社会化，正是指这一过程的内容和形式，必须以社会的需要和社会所提供的条件为基础。实践活动本体的社会化，应建立围绕教学的实践与其他方面的实践有机结合的理想目标模式。

围绕教学的实践主要包括教学实验和教学实习等，这是一种配合课堂教学而进行的实践活动，它直接与学生所学知识以及自身具备的能力发生联系，是初级阶段运用最多、群众性最强的实践活动，也是学生进行其他方面高层次实验的能力准备环节。我们不应当过分追求其他方面的实践而忽视教学实验和教学实习。其他方面的实践包括社会考察、社会服务、勤工助学等，这是间接地与学生所学知识和自身具备的能力发生联系，也是学生围绕教学进行实践的成果检验。这些方面实践的主要形式有社会调研、参观访问、旅游观光、技术培训、咨询服务、社会宣传、科技开发以及挂职锻炼等。由于这些方面的实践和社会联系得更紧密，一般较受学生的欢迎，但必须注意使之在时间、资金、人力上同围绕教学的实践互不干扰，在学校统一布置的基础上使两者达到和谐的统一。

2. 实践活动主体的社会化

实践活动主体的社会化，实际上要完成的是大学生社会化的加速，是要将大学生培养成为高素质的社会成员，是要通过社会实践使大学生更快地在社会中汲取社会能量和获得社会信息，并通过各方面的自我调适，增强自身的能力和素质，完成自身全方位的社会化。而促进实践主体的社会化，必须注意以下几个方面。

（1）实践主体自身系统应具有开放性

开放性系统要求大学生不能在自我封闭的状态下自我满足，而是必须同自身周围的实践环境进行物质、能量和信息的交换，并依靠这种交换保证自身由不稳定向相对稳定过渡。而这种开放性，不仅要求大学生确定"当今天下，舍我其谁"的高度责任感，而且要求大学生必须具备敏锐的对外界事物接收、分析、处理和运用的能力，从而使自己在实践中不断得到发展和提高。

（2）实践主体应促成自身个性的形成

个性化是社会化的一个高层次组成部分，社会化中如果没有个性化的存在，就会变成统一化和模式化，就只能造就墨守成规、死读书本的书斋先生，就会使人失去改造社会的生机和活力，失去创造性和开拓性。因此，大学生在社会实践中，应勇于思考、敢于发现、认真锻炼，促进自身个性的形成。

（3）实践主体应不断进行自身角色的调适

我们知道，大学生的实践角色与其社会期望角色之间，总有一定的角色差距。而大学生在实践过程中，由于自身是一个开放系统，就能够认识到这种差距并调整自己的学习和实践，从而使自己的角色得以实现，使自己大学阶段社会实践中的社会化任务得以完成。

3. 实践活动组织者的社会化

从近年大学生社会实践的实际情况来看，社会实践活动凡是得到社会各界支持的，一般都取得了较好的成绩。但从发展的角度来看，当前社会实践活动社会化的程度还远远适应不了进一步发展社会实践活动的要求。社会实践活动的深入开展必然会出现人数多、空间广、时间长、效率高、内容实的特征，而这些特征的出现，必然依赖于社会各方更多的支持。

实践活动必须得到党和政府的支持。党和政府对人才的培养具有不可推卸的责任，且在人才培养方面占据重要地位。大学生的社会实践活动，作为国家培养高层次人才的重要环节，必定会受到党和政府的关心和支持。实践活动必须得到高校自身的支持。高校作为教育培养大学生的责任承担者，具有最直接组织学生社会实践活动的优势，而组织学生社会实践活动，又是高校完成人才培养任务的重要手段。因此，高校在组织大学生社会实践的过程中，应积极地起到主导作用。实践活动必须取得社会团体和企事业单位的支持。通过社会团体来支持社会实践活动，才能调动更多的人来支持实践活动；企事业单位作为大学生未来的工作场所，具有作为社会实践活动基地的现实意义，而实践活动在企事业单位的开展，又必须有企事业单位提供的种种便利条件。

五、大学生社会实践的新探索

新的时代不仅对大学生有了新的要求，同时赋予了大学生社会实践新的任务，要适应时代，就必须实现大学生社会实践理念上的更新。

（一）将大学生社会实践与建设社会主义新农村的需要结合起来

一方面，大学生是掌握着一定基础知识和专业知识的青年知识分子，他们的参与，无疑会有效地促进社会主义新农村的建设。另一方面，大学生加入社会主义新农村的建设中，又会给他们的专业知识提供用武之地，使他们的实际能力得到提高。将大学生的社会实践与建设社会主义新农村的需要结合起来，意味着我们对大学生的社会实践在观念上要有一个更新或变革，即要从过去单方面地将大学生作为社会实践的受动者，通过社会实践提高工作能力，培养良好的思想品德，转变为大学生既是社会实践的受动者，又是社会实践的"授动者"大学生作为科技知识和精神文明的载体在实践中去建设社会主义新农村。

（二）将大学生社会实践与城市社区精神文明与政治文明建设的需要相结合

当我们将大学生既看作社会实践的受动者又视为社会实践的"授动者"时，就应充分利用大学生这一科技知识和精神文明的载体，将其运用到变革社会的活动中去。将大学生的社会实践与城市社区的精神文明和政治文明建设的需要结合起来，持久、稳定而有效地开展社会实践教育活动，使大学生在促进城市社区精神文明与政治文明的社会实践中，自身也得到提高和锻炼。在这类社会实践活动中，大学生可以将高校思想政治理论课中所学习到的内容应用于实践活动中，既能将知识活用，又能深化理论认识，同时还可以通过自身努力，促使社会变革，成为推动社会文明进步的重要力量。

第六章　高校学生管理模式理念的探索与创新

第一节　高校学生管理模式理念创新的意义

一、高校教育创新的意义

创新是一个民族进步的灵魂，是国家兴旺发达的不竭动力。为了实现中华民族的伟大复兴和完成社会主义教育事业的历史任务，必须不断推进包括高校学生管理工作在内的教育创新。

（一）高校教育创新是时代发展的要求

当今世界，科学技术突飞猛进，知识经济已见端倪，国际竞争日趋激烈。人类社会发展到今天，相对于物质资源，人力资源成了第一资源；相对于人口数量，提高人的素质成了第一要务；在人的素质中，创新精神和实践能力是其重点。科学技术进步，越来越依赖于科技创新；知识经济发展，越来越依赖于知识创新；国际竞争，说到底，是人才的竞争，是民族创新能力的竞争。无论是科技创新、知识创新，还是民族创新能力的提高，最关键的是人才。而人才的成长靠教育，其中高校教育是非常重要的阶段。高校可以说是培养高素质人才的重要基地，进行教育创新从而适应时代对人才的需求，这对高校而言无疑将具有非常重要的意义。

（二）高校教育创新是社会主义现代化建设的需要

目前，我国已经进入全面建设小康社会、加快推进社会主义现代化的新阶段。在新世纪新阶段，面对新形势、新任务、新问题，最根本的，是坚持体制创新，大力推进经济体制、政治体制和文化体制改革，逐步消除经济、政治和文化建设的体制性障碍，为经济、政治和文化发展注入新的活力。而体制的创新，取决于理论创新和人的创新精神和能力，最终取决于创新人才的培养。高校教育是知识创新、传播和应用的重要基地，也是培育创新精神和创新人才的重要摇篮。无论在培养高素质的专业人才方面，还是在提高创新能力和提供知识、技术创新成果方面，高校教育都具有独特的重要意义。高校承载着人才培养与输出的重大职责，只有不断推进教育创新才能为我国的现代化建设提供更多的富有创新能力的人才。

（三）高校教育创新也是高校教育自身发展规律的必然要求

党和政府高度重视教育工作，我国教育事业取得了举世瞩目的伟大成就，实现了历史性跨越。高等教育毛入学率已接近大众化水平，高等教育已迈入大众化阶段，高校管理体制和后勤社会化改革取得了突破性进展，教育质量和办学效益不断提高。这些都是高校教育改革创新的结果。但是，我国高校教育与发达国家水平相比还有较大差距，与社会主义现代化建设需要相比还有较大差距。我们的高等教育思想、教育体制和结构、教育内容和方法，和社会主义市场经济体制不相适应的矛盾和问题，正在日益暴露出来。这其中，既有不少过去从未遇到过的崭新问题，也有一些无法回避的深层次矛盾。解决这些问题和矛盾，没有本本可找，没有现成的经验和方法，根本的出路在创新。

二、深刻认识高校学生管理工作理念创新的重要性

（一）创新学生管理理念是新形势下做好学生管理工作的首要条件和客观要求

随着改革开放的深入和市场经济的发展，学生对各种思想、文化的接受和选择有了的影响，给学生管理带来新的挑战。同时，我国大学教育的管理现状，还存在着许多不适应之处，突出表现在许多教育管理人员仍沿袭传统的单一模式和思维习惯，原有的以学校和教师为中心、忽视学生主体性的管理模式，使学生管理面临新的困境。

（二）创新学生管理理念是新形势下做好学生管理工作的逻辑起点和必要前提

当前的高等教育正由精英教育向大众化教育阶段跨跃式发展，既要把学生视为接受教育的对象，又要把学生当作管理服务的主体；既要严格管理规范，又要重视教育引导；既不能一味追求意志统一，又要充分保障学生权益；既要强调集体观念和社会需要，又要趋向于人的个体需求与素质发展。因此，21世纪的高校学生管理首先必须对管理理念进行创新，并把这种理念创新当作高等教育大众化条件下学校管理工作的逻辑起点和必要前提。

（三）创新学生管理理念是新形势下做好学生管理工更广阔的空间

社会上的各种思想和价值观念必然对当代大学生产生巨大作的应有之义和关键所在经济建设需要人才，而培养出的人才只有为社会所接纳，并转化为生产力，才能发挥作用。时代变化激发理念变化，理念变化决定时代变化。没有先进的理念，工作就缺乏正确的导向。新时期高校学生管理工作的现代化首先是管理理念的现代化。学生管理工作作为高校学生管理工作的重要组成部分，就要求冲破传统束缚和实践障碍，解决好工作中的"瓶颈"问题。因此，从某种意义上说，理念是管理的基础和先导，是管理的核心和精髓，是做好管理工作的关键所在。

第二节　高校学生管理模式理念创新的实质与内涵

从人类历史进步的角度看问题，社会的存在是以人的存在为前提的，社会发展的动力来源于人创造历史的活动，社会发展的程度最终是通过人的发展程度来衡量的，社会发展进步的根本目的是实现人的发展。同时，人是社会赖以进步的第一重要的、起决定作用的因素，社会进步本质上是一个在改造客观世界的同时，不断改造人的状态、发展人的能力、提升人的价值的过程。

育人是学校教育的第一使命。大学最根本的职能和最核心的价值是培养人才、促进人的发展。大学的历史使命是人的灵魂的塑造者，是主流价值观的传播者，是先进生活方式的倡导者，是人类精神交流的传递者。从大学的社会功能而言，大学应该服务于先进文化的传承、创造和弘扬，应该服务于人类社会的整体利益，应该服务于国家和民族事业的全面进步。

学生管理工作理应注重学生整体素质的提高，注重学生自由、充分、全面的发展。其基本目的是让受教育者尽可能深入、广泛、多样地了解人所处的世界，了解人自身所处的生存状态；终极目标是最大限度地挖掘自身的潜力，提高学生的综合素质，从而为人类社会的全面进步提供精神动力和智力支持。

学生管理工作理念创新的主要内容包括以下几方面。

一、转变思想观念，坚持育人为本的管理理念

人是手段与目的的统一体。这就要求既要把人当作目的，又要把人当作手段；既要尊重人、关心人，又要管理人、发展人；既要满足人的物质利益，又要符合人的精神需要。同时，人又是权利和义务的统一体。这就要求学生管理必须体现民主、平等的精神，在管理工作中公正地善待每一个学生，尊重和保护学生的权利，坚持做到有管有放、有宽有严，为学生的全面发展创造最佳条件。

育人为本，是人本思想在学生管理工作中的具体化，是科学发展观在高等教育领域的根本体现，是学生工作的根本出发点和落脚点。作为一种价值观，就是要以人为基础，以人为动力，以人为目的，强调唤醒人的自我意识，尊重人的主体地位；满足人的主体需要，尊重人的精神诉求肯定人的自我价值，强调人的全面进步。作为一种工作方法，就是要坚持以学生的根本利益为出发点，既严格教育管理，又注重人文关怀；既严格纪律要求，又注重道德教化；既严格程序规范，又注重内容效果。作为一种思维方式，就是要转变思想观念，强化服务意识，坚持"一切为了学生、为了一切学生、为了学生一切"，逐步实现民主交流、平等沟通、相互理解、和谐统一。

二、贴近学生实际，坚持精细化的管理理念

所谓"精细化管理"，就是将管理覆盖到每一个过程，控制到每一个环节，规范到每一个步骤，具体到每一个动作，落实到每一个人员。学生管理工作的一

个显著特点是所管理事务的繁杂、琐细。因此，学生管理工作的核心就是"在'细'字上做文章，在'实'字上下功夫"。

在精细化管理中，关键要突出一个"细"字。"细"有几层含义，一是规范。严格管理规章和工作程序，坚持制度面前人人平等。二是科学。善于运用现代管理方法和信息手段，积极探索和掌握学生管理工作的客观规律。三是到位。在学生管理过程中，每一个环节必须考虑到，不忽视微小的管理漏洞。四是明确。落实管理责任，将管理责任具体化、明晰化。要求管理的过程条理清楚、层次清晰。五是深入。把工作做得具体、做得扎实，追求一种精益求精的境界，使学校的管理水平迈上一个新的台阶。

三、整合各种资源，坚持系统化的管理理念

任何管理都是对系统的管理，没有系统，也就没有管理。系统化就是从整体上构建学生管理的系统模型和综合模块，把学生管理工作作为一个集学习机制、竞争机制、奖惩机制、决策机制、评估机制和反馈机制等于一体的动态过程。

学生管理工作是一项系统工程。它不仅是学生工作者的责任，也是全校教职员工的责任，必须高度重视，加强领导，通力合作，形成合力，始终坚持依靠广大教职工、学生政工干部和全体学生积极参与的全员管理。必须针对不同年级的不同特点和不同个体的不同特征，将学生管理工作贯穿于学生成长成才的全过程。它又是全方位的，涉及方方面面，必须始终坚持管理即服务的观念，把解决思想问题和解决实际问题相结合，为学生做实事、办好事、解难事；始终坚持教育管理的理念，努力提升学生管理工作的人文内涵，强化育人效果。

四、增强自律意识，坚持自主化的管理理念

"自主化管理"是指在学生管理人员和专业教师的指导下，学生自我教育、自我管理、自我服务和自我发展的教育管理模式。其核心是关注人的发展，营造一种宽松和谐的民主气氛，调动学生的主动性、积极性和创造性，培养学生的创新精神和实践能力。

要充分发挥学生班团组织、社团组织和学生党支部的作用，丰富课余生活，

拓宽知识面，增长才干，陶冶情操，培养特色鲜明的校园文化精神；要充分发挥学生干部和学生党员的先锋模范作用，让他们自觉地加入学生的管理工作中，成为重大问题的参与者、决策者，在参与管理的实践中尝试管理，学会管理，懂得管理；要充分发挥学生的主人翁精神，突出学生的教育主体意识，实现学生干部队伍自我管理制度化。

五、以培养学生创新精神为核心素质的管理理念

这是解决高校学生工作培养什么人的问题。随着知识经济信息社会的到来，创造力将成为社会经济进步的主要动力，成为关系市场竞争成败的决定性力量，那种"唯文凭、唯分数、唯专业"传统的人才观已不合时宜。教育工作的重点应放在提高受教育者的创造力方面，通过在教育过程中对创造力的发掘、训练、强化、激发受教育者的创造热情和创造才能，积极培养适应时代要求的创新人才。新世纪的人才应是能够适应新技术革命的挑战，能够参与全球性竞争与合作，能够主动适应、积极推进甚至引导一系列社会变革的创新人才。

六、突出主体、开发潜能、激发创造的管理理念

这是解决高校学生工作怎样培养人的问题。传统的学生工作常常是管而不导，堵而不疏。这种治标不治本、浮在面上的学生工作方法已不能适应当代大学生的成长成才需要和现代高等教育发展形势。新形势下的学生工作要突出学生的主体地位、尊重学生个性的张扬与优化。通过理想信念教育，为学生进行需要的自我选择和自我调整提供精神动力和行动指南；通过正面引导、反面惩戒来进行学生的需要诱导；通过动机激励、过程磨砺、利益驱动来进行学生的需要驱动等等，激发创造学生内在成才动力，从道理上说服学生，让学生弄清是非，权衡利弊，从而使学生正确规范自身行为，正确选择调整自身在学习、生活中的需要结构。而教育观念要打破统一思想、统一标准、统一布局的模式，适当地提倡拉开档次，铺开阶梯，允许有部分人先走上去，另一部分人再扶上来的育人的阶梯原则。对广大青年学生，应当把他们当成能动地参加教育活动的主体，而不仅仅是教育的对象和受教育者，改变以往的家长式、保姆式、灌输式的教育为疏导、启

发、自我教育为主的方式。

七、体现互动性、层次性、整合性的管理理念

这是解决高校学生工作体制的理念问题。高效的工作体制可以促发主体的工作热情、兴趣，使主体在工作中不断产生自我满足感和成就感，从而成为主体不断产生工作主动性、自觉性、创造性的不竭动力；也可使整个工作群体形成团队意识、协作精神。传统的高校学生工作体制存在一定的缺陷：一是体制重心的错位，造成协调、服务部门忙于应付具体事务性的工作，而无暇对整个学生工作进行协调与把握；二是体制基层的虚位，学生工作基层组织的积极性没有充分发挥出来，使整个学生工作活力欠缺，创造力不够；三是体制的整体创造力的空位，造成领导机构、协调部门、基层组织的脱节。面对新世纪的高校学生工作必须要适应培养高素质创新人才的需求，进行体制理念的创新，其中应注意三个方面：一是体制的互动性，有利于上层和基层相互激发工作活力与创造力；二是体制的结构层次性，有利于工作环环相扣，层层递进；三是体制的整合性，有利于局部服务于整体，全局指导、协调局部，发挥整个体制的凝聚力和资源整合力。具体来说，就是要形成"上"有"决策层"，总揽高校学生工作全局，把握带基础性、全局性、前瞻性的大问题，坚持社会主义办学方向和育人原则；"中"要有"协调层和监控层"，对学校总体学生工作进行具体指导、协调和监控；"下"要有"责任层和落实层"，充分发挥基层组织的积极性，实行工作重心的下移，推行目标管理、量化考核的评价制度，建立竞争机制。这样整个工作网络就会形成一个动态、灵活的高效的"金字塔"型体系。高校学生工作是一个系统工程，其不仅仅是某个部门的职责所在，学校应树立"全员育人"的教育理念，形成"人人皆教育之人，处处皆教育之地""教学育人、科研育人、管理育人、服务育人"的一个工作大步局。

八、不断创新教育内容、服务内容的管理理念

这是解决高校学生工作具体工作内涵的理念问题。教育、管理、服务是学生工作的三大主题，但在新的时期这三大主题的结合方式以及它们三者自身的内

涵就存在理念创新的问题。传统上不同程度地存在以管理为主的工作理念，而教育、服务功能被弱化、淡化，使工作一直停留在较低层次水平。面对新的形势：高校扩招，学生人数激增，学分制的推广，后勤社会化改革，学生的学习、生活的主要场所及方式都发生了很大变化等，传统的教育、管理已不合时宜，不符合青年学生的心理特征变化和他们的成长规律。高校学生工作要转变观念，逐步从管理型向教育型、服务型转变，转换工作职能。

其一，要创新教育内涵理念。这是探讨学生工作教育的具体目标及教育方式等。教育是一个系统工程，不仅要加强对学生的文化知识教育，而且要切实加强对学生的思想政治教育、品德教育、纪律教育、法制教育等。要培养富有创新精神和实践能力的人才。对于高校学生工作的教育内涵来说，就是要进行以创新教育为核心、思想政治教育为基础的全面成才教育。而教育的方法主要是从说教式、灌输式的教育向启发式、引导式、激发创造式的教育转变。因为教育本身的要义就是要把教育内容内化为学生的内在需求，变以往学生被动的接受为主动的需要。

其二，要创新管理内涵理念。这是探讨学生工作管理目标及方法。高校学生工作要从传统的以本本上的制度和手中的权力去管理的模式中走出来，注重"导向管理"。管理的内容要从点上的管理到整个层面的深层次管理；管理的对象要从个别管理到抓典型的管理；管理的依据要从校纪校规的管理上升到以法治校、民主治校的高度层次；管理的手段要变直接管理为主到以宏观和导向管理为主，变教师管理为主到以学生自主管理为主，总之，就是要从被动式、强迫式的管理变为主动式、民主式的管理，从管理为主的工作模式走向以教育、服务为主的工作模式。

其三，要创新服务内涵理念。这是探讨学生工作服务目标及方法等。高校学生工作要从管理型的工作模式走向教育型、服务型的工作模式，要为学生的成长成才创造各种有利条件，优化校园软硬环境；最大限度地激发学生全面成才的内在动力。服务的内容要把握学生在学习、生活中不同层次、不同方面的合理需要；服务方式要在引进社区管理方式的同时，实现服务最优质化、物质利益的最小化。学生不仅是受教育者，也是教育投资者和消费者，要为学生提供各种生活服务，改善生活环境，对学生社区进行物业化管理，健全社区功能，构筑集文化、休闲、娱乐、购物、健身为一体的文化社区；提供勤工助学服务，扩大勤工助学的网络与途径，帮助困难学生顺利完成学业；提供学习服务，指导学生考研、出国、创作发明等；提供就业服务，健全信息网络，加强政策、心理、技术各方面的指导等。

九、树立运用现代科技手段进行管理的现代理念

　　这是解决新形势下拓展工作领域的问题。网络技术的发展给传统的高校学生工作带来了新的挑战，同时也为学生工作提供了现代化手段，拓展了新的空间和途径。新形势下学生工作要转换教育观念，树立信息"资源意识"，主动超前介入网络教育平台，这是把握新时期高校学生工作制高点的有效途径。网络的交互性、虚拟性、平等性、开放性等特点使学生教育管理工作也呈现新的特点，比如教育、管理方式的隐形化、个体化、咨询化和平等化等。学生工作进网络还是一个尚待深入研究的新课题，这不仅是学生工作某个方面或某个层次的创新问题，而且是互联网时代条件下高校学生工作的全面创新问题。其中至少应把握三个要义，一是要找准学生工作进网络的立足点，用正确、积极、健康、科学的思想文化信息占领网络阵地，提高学生"接受正确、有益的信息，抛弃错误、有害的信息"的能力；二是探究学生工作进网络的切入点，采取与大学生心理需求、生理特征及成长规律相适应的生动活泼、喜闻乐见的形式和内容；三是要把握学生工作进网络的融合点，"进"不是简单将学生工作的内容放在网上，也不是单一地把它作为技术性质的信息交换系统，而要从本质上实现学生土作与网络的融合，达到内容和形式、科技与人文的有机融合，充分发挥网络在学生工作运用中的服务功能、教化功能、引导功能和管理功能，趋利避害，规范网络道德，培养积极、健康、科学的网络文化。

第三节　高校学生管理模式理念的创新路径

我国现阶段的高等教育已经从原来的精英教育迅速转化为大众化教育，受教育者的求学情况、知识基础与以往相比发生了很大的改变。政治辅导员和班主任要：指导学生正确面对竞争，面对择业，面对压力，引导学生规划人生，培养学生有宽广的胸怀和健全的人格，努力把德育渗透到学生成才、就业的全过程，要主动管理育人，提高工作效率和工作水平，创造更好的育人环境和氛围。

一、建立优秀的管理团队和制度

如何适应时代的要求，培养社会需要的人才，是从事学生管理工作者的永恒话题，同时对学生管理领导干部提出了更高要求，必须加强队伍建设。学校高层领导应加强对学生管理工作的重要性的认识，挑选一批思想素质高、工作能力强、具有一定学生管理工作经验的工作人员担任学校学生管理领导工作，经常性地组织并开展对各分校、教学点学生管理领导干部的专业培训，邀请较高水平的专家讲座，全面提升学生管理干部的素质。通过各种方式组织开展校与校之间学生管理工作的交流，请学生管理工作突出的管理人士讲解、传授管理经验，并通过讨论交流，达到共同提高，共同进步。以校本部为载体开辟全校性学生管理工作专项窗口，广泛讨论发表管理体会，创建全校性学生管理专刊，组织系统内投稿，把学生管理工作真正落到实处。

学校应建立导学教师引进、培训、考核、交流的整套制度。完善引进程序，严把人口关，力争把有能力、责任心强的导学老师引进来。建立严格的导学教师培训、考核制度。导学老师应对以现代计算机网络为主的多媒体现代远程教育技术有较深的掌握，能熟练运用计算机网络等媒体技术获取教学资源，并能配合辅导教师进行教学资源的整合，组织和指导学员开展网上答疑、BBS讨论、双向视频等网上教学活动，利用QQ群、E-mail等与学员进行日常沟通。完善导学老师的流动计划，打破以往导学老师队伍建设的封闭体系，激活用人机制，拓宽导学老师出口，加强导学老师的交流和提拔，解决导学老师的后顾之忧。

解决导学教师流动性较强、流失率较高的问题，必须加强导学教师的专业化建设，其中最主要的就是更新观念，尤其是更新领导的观念，全面提高导学老师的综合素质。导学教师在工作了一段时间以后就会积累一定的工作经验，也会认识到自身不足。如果学校能制定一套完整的培训机制，给他们更多的培训学习的机会，不管是对学校还是对导学老师本人来说都是双赢的。另外，还可以加强导学教师之间的沟通与交流，使导学教师的业务能力不断提高，确保导学教师在工作中发挥应有的作用，保证开放教育学生的培养质量。

二、注重培养优秀的学生干部

好的学生干部不仅自己会给其他同学做出榜样，也会分担导学教师的工作重担，而且在这个过程中也锻炼了学生的工作能力，又运用在自己的工作实践中。导学教师在选择班干部的过程中要一视同仁，不能因为个别小问题而否定他们的优点，广泛听取同学和任课老师的意见，综合学生的平时表现民主或择优选拔。选出优秀的学生干部，要充分信任和尊重，减少个人干涉，使他们充分发挥个人的工作主动性和能动性。

学生干部队伍应真正发挥先锋模范作用，真正发挥战斗堡垒作用。学校应健全团支部、学生会组织，主动让学生组织成为学校与学生，教师与学生沟通的桥梁，通过民主推荐、个人竞选产生学生干部队伍。结合开放教育类学生的生理和心理特点，通过学生干部开展广泛的思想交流。帮助广大学生树立和培养学习自信心，一方面肯定他们在以往的学习和工作中取得的成绩和努力，使他们充分看到自己的优点和能力，另一方面，循序渐进一对一式辅导，将他们在现在的环境中遇到的问题总结归纳，然后反馈经验。在交流沟通过程中，要注意交流态度，避免出现僵局，挫伤学生的学习积极性；要充分尊重学生，成人学生的自尊心相对来说更强，并且也更容易受到伤害，老师的教育手段要不断改进，积极与学生磨合，减少代沟的出现。在沟通的同时，鼓励他们学习之后要在自己原有的领域有所创新和进步，帮助他们做好职业规划和人生规划。在思想教育过程中，应尽量避免用说教的方式，毕竟这些学生都是成年人，而且多数已经有了家室或者有比较丰富的社会经验。而强硬的教育态度只能引起学生的逆反心理，不仅不会配合老师的教育工作，甚至会放弃继续学习。对个别问题学生要单独关注，因材施教，明察暗访，找出学生学习欠缺的根源和影响因素，和周围同学同事努力解决问题，最大限度地激发他们的学习主动性。

三、通过加强校园文化氛围引导学生的学习和发展

开放教育的学生大多以参加远程教育学习为主，这些学生有着强烈的孤独感，他们渴望交流，希望像普通高校的学生一样有丰富的校园生活，感受来自众多同学的支持与友谊。学校应主动提供学生情感交流、培养兴趣和寻求帮助的平台，能够促进学生之间交流沟通，传承成长经验，解答学生疑惑，碰撞智慧思想，传递情感关怀，培养同学友谊，消除学习孤独感，增强学生对开放大学的身份认同感、归属感和凝聚力，营造积极向上的校园文化氛围，促进学生的管理、学习和发展。经常性地开展校区、班级之间各种比赛活动，增进学生之间的友谊，根据不同学生原来从事行业的不同，有针对性地聘请相关行业的专家学者到学校举行讲座，吸引学生的积极参与和交流。并用各种比赛的形式加强同行的良性竞争，使同学之间互相帮助，共同进步。对学生的学习积极性导学教师应合理引导，帮助其树立明确的学习目标，使其学生既有针对性还能自我检测和反馈。

第四节　坚持以人为本的理念

随着现代教育的发展和教育改革的深入，以人为本的学生管理将最终取代传统的学生管理，这是学生管理改革和发展的必然趋势。人是管理中的首要要素，因而提高人的素质、调动人的积极性、促进人的全面发展是提高管理效果的关键。科学发展观的本质和核心是坚持以人为本。坚持以人为本，不仅在人类思想发展史上具有重要的理论价值，更应成为当今高校的一种新的办学理念。

一、什么是以人为本的管理

以人为本管理模式以人为中心，在确立学生主体地位的基础上，围绕调动学生的主动性、积极性和创造性来开展一切管理活动，这种管理模式是高校学生管理模式发展的必然走向。以人为本的学生管理工作理念，就是要以人为出发点，

充分尊重学生作为人的价值和尊严，充分尊重学生的人格、个性、利益、需要、知识兴趣、爱好，力促学生全面发展，健康成才，并能可持续发展。这意味着要从那种把对人的投资视为"经济性投资"的立场转变为"全面发展性投资"的立场。以人为本的管理在处理人与组织的关系时，并不否定和排斥组织的目标，而是应把人的自我发展和自我完善作为组织目标的组成部分。高校学生管理中坚持以人为本的管理思想，就是指高校学生管理工作必须以调动学生的积极性、做好学生的工作为根本。具体而言，就是要在高校学生管理过程当中坚持把教育和管理的对象——所有学生作为全心全意为之服务的主体。树立"以人为本"的高校学生管理理念，营造良好的服务氛围，对学生能起到潜移默化的作用。高校从教学到行政管理，从学生学习到后勤服务，都要不断深化教育改革，转变教育观念，转变过去那种以学校为主体、以教育者为核心的工作思路和工作方式，变管理为服务，树立一切工作都是为了学生的健康成长的管理理念。以人为本的高校学生管理就是以学生的发展为高校工作的出发点和落脚点，一切为了学生，使大学生德、智、体、美全面发展。具体而言就是要理解学生，尊重学生，服务学生，信任学生。

二、实现以人为本的管理模式的必然性

高校是培养和输送人才的重要阵地，始终担负着为社会培养高素质的建设者和接班人的神圣使命。在现行的高校学生管理中，管理目标的抽象化和格式化也是高校学生管理的一大弊病。高校学生管理工作与学校的其他工作目标是一致的，都是为社会培养人才。

人性化管理是以情服人来提高管理效率的，人性化管理风格的实质就在于充分尊重被管理者的自由和创造才能，从而才使得被管理者愿意以满足的心态或以最佳的精神状态全身心地投入学习和工作当中去，进而直接提高管理效率。人性的管理是情、理、法并重的管理，而不是放任管理，也就是我们提倡的教育人性化。对高校学生实行以人为本的管理模式抓住了学生管理中最核心的因素，因为学生管理就是人的管理。人的需求、人的属性、人的心理、人的情绪、人的信念、人的素质、人的价值等一系列与人有关的问题均成为管理者悉心关注的重要

问题。这是高校学生管理的出发点和落脚点。

高校的基本职能之一就是为社会发展教育和培养人才，大学生已经具有了成为国家栋梁的基本潜质和条件，在教育和培养的过程中，要充分调动大学生的主动性、积极性和创造性，为他们提供能激发创造性和自主创新性的氛围。而要实现这一目标，高校学生管理就必须是人性化管理，实施以人为本的管理模式。首先要转变教育管理观念，树立科学的人才观。切不可用一种人才模式去苛求学生，限制学生个性的发展。学生管理工作者要有着眼于未来的宽广眼光和不拘一格育人的胆略。其次是要着重提高教师的综合素质，强化管理者的人格魅力。

在新形势下，主观上学生群体已经不接受传统的高校学生管理模式，客观上高校管理所面临的形势也不能使这样一种模式维持下去。招生规模的扩大，贫困生数量的增加，个性培养和创新教育日益被高校所重视等，这些因素都要求高校学生管理必须抓住"学生"这一根本，转变管理理念，提高教师的综合素质，强化管理者的人格魅力。进行人本化管理，其实是对教师尤其是学生管理者提出了更高的要求。以人为本，促进高校学生管理和谐发展是时代的发展适应大学生全面发展和个性发展的必然要求。构建和谐社会和谐校园，新时期学生的思想特点等使得以人为本的管理模式成为必然的选择。

三、构建以人为本的学生管理模式

（一）加深对学生的本质认识

高校学生管理，无论是计划和任务的确定，还是内容和形式的选择，都源于对学生的认识和把握，源于对学生发展中各种矛盾的深刻洞察。实际上，任何个体都有其自身具体、独特、不可替代的需求。不同个体的需求在整个群体中又都不是孤立存在的，它们之间是相互联系和作用的。就高校学生管理而言，学生对自身所处管理环境的感受，对自己在学校中的地位，对学习、恋爱、人际关系、就业等个人发展需要得以满足的程度，都是影响管理效果的重要因素。

离开了对这些因素的认识、洞察和把握，高校学生管理就成了无源之水、无本之木。因此，我们只有全面考虑学生的个体情况，重视个人需要在管理中的地位和作用，并把它们看作运动的、变化的，高校学生管理才能有的放矢，提高管理效率，收到预期的效果。

（二）营造以人为本的校园文化环境

环境是人们赖以生存和发展的自然条件和社会条件的总和。校园文化环境，是指与校园文化的形成与发展密切相关的外部条件。校园文化环境包括校园的物质环境和校园的精神环境两部分。校园的物质环境是以布局成型的姿态出现的物质环境，主要是指校容，如建筑物的布局，室外的绿化、美化，室内的整洁、美观、大方等。校园的精神环境主要是学校的传统习俗、校风、人际关系、心理氛围、文化品位及活动构成的气氛等。人的发展及才能的养成，是遗传、教育、环境共同作用的结果。人不仅受他们所处的环境的影响，也在不断地改变环境。这个环境又进一步地影响他人和自己。就学校而言，这种对人的发展以及才能的养成产生影响的环境，就是校园文化环境，校园文化环境对学校的教育工作及师生员工的生活有着不可低估的作用。开展丰富多样、多元化的学生集体活动能够培养学生崇高的理想和高尚的道德情操，能够使学生的兴趣爱好和特长得到良好的培养和充分的发挥。在一个健全的集体中，学生的不良习惯及意识也比较容易克服，因为集体的影响、优良作风对学生思想品德的形成和发展能起到巨大的促进作用。要充分调动学生的积极性、创造性，设法激发学生的思维兴奋点，组织开展丰富多彩的集体活动，在集体活动中教育、培养每个成员的集体主义精神。通过各项活动，积极发挥和发展学生的才干及特长，使活动和教育融为一体。

（三）构建以学生为中心的管理模式

实现学生自我管理贯彻"以人为本"的教育理念，构建人性化的学生管理模式，其中最基本的有两条：一是确保学生在教育中的主体地位，充分尊重学生的人格与自主权利。二是要对所有学生负责，为学生的全面发展提供应有的服务。

作为教育工作的重要方面，在管理工作中确保学生的主体地位，尊重和维护学生自主学习的权利，就要保证教育主体的主观能动性得到充分的发挥，使他们的个性得到充分的张扬，使学生的潜力和发展的潜质得到充分的挖掘。积极实践学生的"自我管理、自我教育、自我约束、自我服务、自我发展"等，不断培养和提高学生独立思考问题、分析问题、解决问题的能力，这不仅是改进学生工作，为学生的自主发展提供更大空间的需要，也是我们这些年来在学生管理工作中的成功经验。实际上学生的"自我管理"，就是一种民主的、开放的、人性化的管理，它更加有利于实现学生成才的目标。

四、管理过程中出现的偏差

虽然我们的理念是正确的，但是在实施的过程中同样会出现问题。在教育学生的过程中我们有时会忽略学生的位置，教学过程中缺乏互动性，我们需要调动学生的主动性，使其主动学习。

要注重启发引导，避免单一的知识灌输。教师有时候是采用灌输式的教育方式，将知识单纯地传授给学生，没有给学生思考的时间，没有培养学生的自我思维意识，学生只是被动地接受，根本没有转化成为自己的知识，学到的也只是书本表面的知识。有句话说得好，等大学生毕业后忘记书本的知识剩下的就是他在学校所学到的。然而他们学到的知识如果没有被内化而转为自己的思维构成中的一部分，我相信这一部分知识是没有学到的。学生的主观能动性被忽略，失去了理解、互动、判断的内化过程。这样的大学生就失去了独立思维判断的能力，等他们步入社会以后可能会茫然不知所措，不知道自己以后的道路该怎么走，不知道怎样去适应这个社会。在教师教育的这个课堂上学生除了认真地学习课堂知识，课外也需要加强自身学习。如只是掌握课堂上的知识，但是没有课堂外的动手能力的培养，这样的大学生也是不合格的大学生。优秀合格的大学生不光是看成绩单，还需要各方面综合素质的培养，必须具有科学知识和动手能力的双重培养。学生在校期间除了学习课本知识以外还要提高交往能力、动手能力，才能更好地适应未来社会对他们的要求。

五、学生在管理中的问题

　　高校学生通常叛逆心理较强，不希望被控制，希望自由，不喜欢被约束。不喜欢规章制度，喜欢自由自在。针对高校学生的这一特点，我们可以调动学生的主观能动性，使学生转换观点，不要让学生觉得自己被约束，让他们觉得自己是自由的。从"要我学"变成"我要学"，可以多让学生参加课外活动，多参加社团、学生会，使学生通过管理学会自我调节和自我管理。同时我们需要有更多的激励方式来调动学生的积极性，从而更好地自我管理。对于在学生管理方面表现出色的学生应该予以必要的精神鼓励和物质鼓励，这样学生才能够更好地自我管理，进一步更好地推进管理模式，形成良好的管理习惯。

六、加强以人为本管理

　　做好学生管理工作，需要大家不断地努力，通过多和学生沟通，了解学生，从而更好地做好学生管理工作，立足于学生所需、学生所想，实实在在地为学生做好服务。在管理方面，教师应该更多地阅读教育学方面的书籍，更好地了解现阶段学生的心理状态，知道怎样处理出现的问题，同时做学生管理工作的老师需要有满腔的工作热情和无私奉献的精神，这是一名管理者应该具备的，时时刻刻关心学生，了解学生的需要，从更人性的方面出发。然后老师也需要合理的晋升培训机制，更好地鼓励管理工作做得好的老师，只有这样教师才能更有动力地做好管理工作。

　　高校管理工作是一项责任重大的工作，高校管理工作要围绕学生的基础需要，立足于学生的发展，更多的是做一个好的引导者，让学生朝着更好的方向发展。这才是我们管理者在以后的工作中需要加强的。

七、提高学生管理工作者的素质

　　以人为本的管理理念体现出管理的自主性、民主性、灵活性和发展性等特征，这对学生管理工作者提出了更高的要求。所谓"教书育人"就是通过"教书"这一手段和过程达到"育人"的目的。高校各门课程都具有育人功能，所有教师都有育人职责。学校道德教育的成效很大程度上是由教师的道德素养所决定的。教师及各类管理人员要从不同的方面对学生的行为产生影响和作用，确立全员育人和全程育人的观念。学生工作者要深刻认识并准确把握经济社会形势和发展趋势，面对这些变化所带来的影响，能够因势利导做好学生的教育引导工作。

建设一支高素质的学生工作队伍，一方面是高职院校要按照要求认真做好建设规划，做到与师资队伍和其他管理人员队伍的建设统一规划、统一实施；要明确条件、坚持标准，切实做好人员选配工作；要周密计划、合理安排，扎实推进人员培训工作；要提出目标、严格要求，不断增强学生工作者的责任感；领导和有关部门要对学生工作者思想上重视、工作上支持、生活上关心、政治上爱护，使学生工作者都能够随着形势的发展和工作的进行不断提高素质和水平，以满足事业发展的需要；另一方面也要求学生工作者加强自身修养，明确神圣职责，增强责任观念，树立服务意识，努力学习，积极实践，深入思考，大胆创新，不断探索新形势下学生工作的新路子、新方法，不断总结适应新形势、新情况下的学生工作的新经验、新成果，在全面服务学生成长成才的过程中发展自己，实现自身的价值。

以人为本的学生管理要追求以新奇制胜，以巧妙攻心，关注学生的日常生活和学习生活中行为表现的细枝末节，把为学生服务放在重要位置，创造性地进行管理。只有坚持"以人为本，和谐发展"的管理理念，适应新时期科学发展观的要求，倡导积极向上的学习观、人生观、价值观，实现学生管理模式的改革与创新，才能真正促进学生的全面发展、和谐发展和持续发展。

第五节　提升教育服务意识

现代教育以促进人的现代化和主体的全面发展为中心。主体性、发展性是现代教育的本质规定。基于此，现代教育倡导"教育是一种服务"的教育管理理念。它强调教育者（教师）以满足受教育者（学生）个性发展，为受教育者创造全面发展和主体生成的情境和条件。它概括了当今教育的经营态度和思维方式。在如何开展教育管理和教育活动问题上，相对于传统的教育管理理念，它具有自身的特点：（1）教育服务理念体现了现代教育以人为本的精神，突出了主体，突出了主体的生成和主体性发展；以培养现代主体人格为根本。它直接着眼于人，着眼于人的发展。（2）教育服务理念下的教育管理活动是教育者与受教育者互为主客体、主体间的对象性活动，是在教育者的组织领导下，教育者与受教育者共同参与的活动；是教育者的启发、引导、指导与受教育者的认知、体验、践行的互动；是教育者的价值导向与受教育者自主构建的统一的活动；是教育者与受教育者的相互教育与自我教育、教学相长的活动。（3）教育服务是现代教育管理的整体特征，它不是教育活动的某个阶段或某个部分、某个方面的特征。作为现代教育的根本指导思想，它是贯穿于教育管理活动的始终和教育管理活动的各个方面的。

教育服务的管理理念对于高校的改革、建设和发展有以下作用。

一、教育服务理念为改革高校学生管理提供内部驱动力

我们的教育理念是培养人、改造人、塑造人，这具有很大的合理性和教育价值，但是，怎样操作和实施，人们往往受一种片面的理念所指导。长期以来，人们一直将学生作为工作对象来加工，将教育完全观念化，以至于我们不能正确理解教育与社会，教育与个人发展之间的关系，使我们的许多教育政策与决策缺乏科学的基础。

树立高等教育服务理念，能够促使高校树立责任意识、市场意识和竞争意识，促使他们关注社会与受教育者的个人教育服务需求，推动高校自觉自主地进行改革，把握市场动向，完善服务体系，增强效益意识，提高服务质量。来自管理者自己对这种改革的需求和认同是改革高校学生管理最主要的动力。可以说，没有管理者对这种改革的深刻理解，没有管理者对学生管理的热情参与，没有管理者对学生管理的积极投入，学生管理理念要转变就十分困难。要求高校学生管理者树立教育服务管理理念，就是期望在形成教育服务理念的同时，一方面，使管理者意识到自己与服务，服务与学生的密切关系，因而去尝试改变对学生的态度，尝试用一种全新的视角去看待学生；另一方面，也让管理者从根本上认识到传统管理的问题所在。服务理念首先是将服务对象当成自己一切服务工作的对象

和焦点，将学生满意不满意作为衡量管理业绩的重要指标，在客观上就迫使管理者去反思原来的管理理念，并努力去接受新理念、新方法。这样，就能形成一种内在动力去推动他们进行改革。

二、教育服务理念为引导高校学生管理提出新的目标

传统教育理念培养人一般只要求听话、驯服，而不注重独立思考能力。教师培养学生追求"齐步走""整齐划一"，对学生个体之间的差异和个体特征重视不够，因而培养出来的学生往往缺乏创新思维，很难适应时代发展的需要。

学生是共性和个性的统一。共性是指学生的群体属性，个性则指学生的个体属性。处于同一年龄阶段的学生，由于他们生命过程和生活经历的相似性，他们的身心发展在同一规律支配下，表现出某些相同或相似的属性和特征，即共性。但这些共性只是相对而言的，由于个体间遗传因子、家庭背景、社会环境及教育影响的差异，学生的身心发展无论是在内容上还是在水平上都是千差万别的，学生的性格、兴趣、爱好、智力、能力不完全相同，即具有个别差异。这种个别差异是绝对的，是不以人的意志为转移的。这是学生管理必须面对的事实。

树立高等教育服务理念，不仅能够让我们意识到学生共性和个性的差异，还能够让我们意识到："高等教育服务的生产者是教育工作者，他们通过消耗智力和体力，而生产出适合不同教育对象需求的，具有多方面性能的教育服务，处在生产领域。学生则是高等教育的消费者，处在消费领域。"这种理念为高校学生管理实践提出了新的目标。作为提供教育服务的教育者，在学生管理中应以学生为本，尽量满足学生（作为消费者）的需要。不同的学生有不同的需要，同一学生不同时期的需求层次也不尽相同，需求的多样化就决定了教师工作的复杂程度。在提供教育服务时，教师不再是以前高高在上的管理者，而是成了"弯下腰去"为学生提供服务的教育服务生产者。要生产出优质教育服务，以满足不同人的所有合理需求，教师就要自觉地树立以人为本的服务理念，"弯下腰去"掌握学生的思想动态，了解他们需要什么，喜欢什么，想些什么，关心什么，拥护什么，反对什么，兴趣何在，更要了解不同年龄学生身心发育的规律和特征。要深入课堂，深入食堂，深入学生宿舍中，深入学生活动的各个方面，只有这样，才

能从学生的角度制定出符合他们身心发展需要的管理规章，才能努力完善他们的个性，充分发挥他们蕴藏在主体内部的创造潜能，才能受到更多学生的欢迎和喜爱。要生产优质服务，教师还要了解学生需求的变化。社会在变，时代在变，生活环境在变，学生的思想观念也会随之发生变化。这就要求教师要不断调整教育方式，随时了解以前的规章还是否符合发展了的实际，以前的教育方式、教育手段还是不是学生愿意接受的。

三、教育服务理念为高校学生管理创造新型师生关系

传统的教育理念认为，学生是教育的客体，教师是教育的主体。受这种教育理念的影响，在学生管理中，教师和学生之间是管理者与被管理者的，等级式的，指挥与服从的关系，学生是绝对的弱势方，学校是绝对的强势方，教育者总是凌驾于学生之上，对学生指手画脚，发号施令，有时甚至采取"训斥"和"惩罚"的手段来压服，甚至制伏学生。这种管理方法虽然可以暂时维护教育者的尊严和权威，也会取得一定的管理效果，但它付出了扼杀学生主体性、自主性和主观能动性的最大代价。

树立高等教育服务理念，要求教育者重新审视以前的师生关系，树立起新型的师生关系；从高等学校教师方面来看，在教育服务生产过程的师生关系中，学生作为教育服务消费者，在教育过程中拥有重要地位，教师必须予以尊重，教师作为教育服务生产者，不能不认真考虑作为教育服务消费者学生的意见要求。这意味着教师必须改变角色意识，树立服务理念，从提高服务质量、保证消费者满意的角度出发来考虑一切，才能做到因材施教；从学生来看，意识到接受高等教育是对高等教育的消费，意味着他们必须树立独立意识和自主观念，他们必须对自己的选择和行为负责，不能完全依赖学校和老师。这种新型的师生关系有利于学生管理中师生平等地、朋友式地、相互尊重地交流对话。管理者也只有从观念上意识到对学生进行管理就是对学生的一种服务，认识到尊重学生就是在尊重自己，放弃学生就是在放弃自己，学生的失败就是你的失败，失去了学生就是失去了你自己，教师才可能真诚地去爱，真诚地付出，新型的师生关系才可能得以建立。在这种新型的师生关系中，学生管理倡

导以"爱"为核心的情感管理。爱是一切教育的起点，是开启学生心灵的一把金钥匙，也是教育引导和管理学生的一种精神动力。只有爱学生，管理学生才能做到十分耐心，了解学生才能非常细心，为学生服务才会一片热心。而爱学生的最有效途径就是和学生交朋友，成为学生的良师益友。这样，一方面可以唤起学生管理者的友爱之心，使学生管理者乐于并善于与学生交友；另一方面可以使学生把学生管理者看成最值得信赖的人，向管理者敞开心扉，吐露心声，心悦诚服地愉快地接受管理。

四、教育服务理念为高校学生管理的评价提供新的依据

无论什么条件下，任何一所学校的学生管理都有获得良好效果的预期。不同时期，人们衡量学生管理质量的依据不尽相同。传统的教育理念从管理者的角度出发，管理质量意味着管理特征对组织的规定与要求的符合程度。这一视角使组织更关注效率，即用最小的成本获得最大的收益，而看不到不同的被管理者对同样的管理感知不到同样的质量水平。

树立高等教育服务理念，衡量教育质量的标准则主要是服务对象的满意度。这一视角更关注服务对象需要的满足。与传统理念相比，这一理念已经意识到了不同的服务对象会对同一产品感知到不同的质量水平。当学生或家长感知到满意的服务时，也就是他们对所有服务特征的期望都得到满足或超额满足时，他们把整体服务感知为优质，并因此对学校和教师保持忠诚，从而对学校产生归属感。用满意度来衡量学生管理，传统的强迫式的管理方法必然失去效力，这就促使学生管理者转变理念，认真研究学生，了解学生身心特点，了解学生需求，创新教育方法，来满足学生需要，从而为高校学生管理提供了新的衡量依据。

用满意度来衡量学生管理具体表现在要符合学校教育质量的以下几个特征：（1）有效性，也就是能有效地发挥教育服务产品的功能和作用，满足学生学习的欲望，促进学生的发展。（2）经济性，是顾客为了得到教育服务所承担的费用是否合理，优质与廉价对顾客是同等重要的。（3）安全性，是学校保证服务过程中学生的生命不受危害，健康和精神不受伤害，人格不受歧

视，合法权益受到尊重和维护。（4）时间性，顾客对服务的时间上有需求，他们需要及时、准时和省时。（5）舒适性，需要舒适的学习环境，以及令他们感到舒适的服务态度。（6）文明性，顾客需要学校有一个自由、亲切、受尊重、友好、自然和善意的、理解的氛围，希望教师有较高的知识修养、文化品位和优雅的举止谈吐。

用满意度来衡量学生管理要以服务对象为衡量主体。学校应给予学生充分的评估权；学校应制定教育服务质量标准，并使服务者了解标准；研制学生满意度问卷调查，用以作为衡量学生管理的主要标准。当然，用满意度来衡量学生管理并不意味着对传统衡量标准的彻底抛弃。为了对高校学生管理做出更科学的评价，我们以为，可以建立起高校学生管理满意体系。这种体系除了学生满意以外还包括管理者自己满意体系，包括上级对下级的满意、下级对上级的满意以及家长满意、社会满意等。这种系统化的满意体系有利于学生的健康成长，有利于学校的管理，使师生之间建立起共同学习、共同进步的良性循环。

五、在学生管理工作中树立服务意识的几点要求

（一）思想观念要转变

长期以来，传统的学生管理工作是以管理者为中心开展的，管理者对学生拥有绝对的权威，管理者与学生的关系是"管"和"被管"的关系，管理的内容主要表现为要求被管理者"做……""不做……""如果……就……"，管理的基本方式是"要求""批评"和"处分"。这样的管理方式在特定的历史时期，对矫正学生的不良行为习惯是起到积极作用的。

但在这样的管理理念下培养出来的学生缺乏独立思考的能力，缺乏创新精神，依赖性强。伴随着社会主义市场经济的不断发展，社会竞争日益激烈，社会对大学生素质、能力的要求不断提高，传统的管理模式已经不再适合当前的高校学生管理工作，我们就应该结合新情况，用发展的思维去改进它，完善它。在管理中融合服务的思想，体现"以人为本"的管理理念就是适应新形势的有效方法，我们应着实意识到它的重要性，切实贯彻到管理工作的各个方面和环节中去。

（二）工作态度要转变

学生是整个教育过程的主体，在学生管理工作中要充分尊重学生的个性和人格，转变以前高高在上、不俯身子的管理者的姿态，带着管理就是服务的理念，不断提升自身工作对学生的吸引力和亲和力，主动深入学生群体，经常倾听学生的意见和建议，及时对工作不足之处加以整改，贴近学生生活，贴近学生实际，视学生为朋友，宽厚待人，主动去尊重、理解、关心和帮助他们，引导他们以主人翁的姿态投入学习、工作和生活，促进他们道德自觉自律意识的养成，最大限度地发挥他们的创造潜能。

（三）工作作风要转变

说得好不如做得好，树立落实服务意识，关键还是在工作作风上的转变。要把解决学生的思想问题和实际问题结合起来，主动观察学生关心关注的热点焦点问题，及时高效、公平、公正地做好学生的评优评奖，党员的发展，贫困生精神和物质的帮扶，就业推荐和指导等工作，让学生感受到实实在在的服务效果。特别是在对待学习后进生和个别违纪同学的管理中，要学会感动他们，通过各种有效的帮助教育途径，比如指导学习方法、多表扬他们的优点等，使他们觉得老师的工作是为他们着想，是为了实现、发展和维护他们的利益，从而自觉学好表现好，促进整个群体管理的顺利开展。

（四）服务意识的树立要与坚持制度相结合

在学生管理中，制度是工作的保障，服务是工作的理念，稳定和谐是工作的目的。强调树立服务意识不是抛弃制度的约束，而是增加制度落实的人性化，没有制度依靠的服务是无力和软弱的。对于个别纪律观念薄弱、思想觉悟低、道德品质差、屡次违反纪律的学生就是应该按照规章制度给予相应的处分和处理，这样才能维护绝大多数同学的权益，赢得绝大多数同学的支持。同时，规章制度的坚持与落实需要服务意识的体现，只有怀着服务好学生的思想，才能赢得学生的理解与配合，才会将外在的规定转化为他们内在的自我要求，学生管理才会具有实效性和持久性。

六、在学生管理工作中树立服务意识的几点建议

（一）建立一套科学、规范、完善的学生工作制度

高校应按照国家有关法律规定，依据本校实际情况制定完整的、可操作性强的程序、步骤和规章制度，并以此规范学生的行为，行使有效的管理。完善学校的规章制度，第一，应确定制定主体，不仅学校领导参与，管理者参与，作为被管理者的学生也要参与，这样才能充分体现学生的利益，实现"以人为本"。第二，学生管理制度应当完善，不仅要注重实体内容，还应当注意到程序内容。比如，学生处分制度，应当列明学生在哪些情况下会受到处分，还应有学生辩护机制和申诉机制。在所有的程序都进行完之后，再由决策机构来认定处分该不该执行。第三，学校应有快速的反应机制，对国家一项新的学生管理政策或者法规出台以后，学校应快速反应出台相应的实施意见。最后，除了这些强制性的规定，还应当有一系列的自律性的规定，使学生明确集体生活中行为自律的重要性而自觉规范自己的行为。

（二）发挥学生主体能动性，变被动管理为自我管理

在工作中要注意调动好学生自身参与管理的积极性，让学生积极参与学生管理工作，改变学生在学生管理工作中从属和被动的地位，不单纯地把学生看作教育管理的客体，以利于消除大学生对于被管理的逆反心理，实现大学生的自我管理。学生管理中宜推行以学生工作处指导下的，以辅导员、学生干部为调节的，以学生自律委员会为中心的相对的学生管理方式。既能锻炼学生的能力，同时又达到了管理的目的。

（三）完善对学生管理者的选拔模式和培训机制

提高学生管理工作者的待遇，建立一支专业稳定的学生管理队伍。一是学生管理者的选拔模式要创新。如今的学生管理工作者的选拔制度存在一定的缺陷，有的是毕业生为了留校做老师而将从事学生管理工作作为以后成为任课教师的跳板；有的则是通过种种关系安排进来。因此，在这样的情况下，学生管理工作者很难保持高度的热情，管理水平也不一定很高。而新的选择模式是要面向全

社会，以完善的选拔机制来完成对学生管理工作者的选拔，这样能招募到各类人才，使学生管理队伍进一步扩大并提高一定的质量。在选拔人才的时候尤其要注意他们在教育学、心理学、管理学方面的知识。在国外做家政服务都必须具备心理学、教育学相关证件，持证上岗。作为学生管理者的选拔就更应注重教育、心理、管理方面的知识，最好是应具备这方面的学历。二是学生管理者培训机制要创新。学生管理工作是一项很灵活多变的工作，需要管理者有足够的经验和专业知识来处理各种突发事件，因此，对管理队伍的专业培训显得尤为重要。在新型学生管理模式下，任课老师是一种了解学生情况和反馈情况的角色，宿舍管理者也是一个重要的角色，因此，原来这种专业性的培训机制针对的主要是校、院、班三级的学生管理工作者要改变，应面向专业课教师、学生辅导员和宿舍管理员，对学生辅导员、宿舍管理员要注重教育学、心理学、管理学方面知识的更新与培训，以及他们对突发事件的应急能力，让他们将"学会管理"与"学会学习"结合起来，使学生管理工作者能不断超越自我，从而培养出一支专业稳定的学生管理队伍。注重专业课教师对学生工作相关知识的了解程度的培训，使他们从被动到主动关心学生的成长关心学生工作，从而在各高校树立全员育人的思想。三是关注学生管理者的待遇。学生管理工作需要管理者保持极大的耐性和工作热情，管理工作相当烦琐，使得很多管理者不能维持工作的长期性，而管理者的经常变动则影响学生管理工作的开展和完善，因此，提高学生管理工作者的待遇，使其能稳定地从事这一工作是必要的。

（四）加强学生的德育教育和心理健康教育

当今高校教育中的人才培养，不只是要使其获得专业知识和技能，也要培养其道德修养和心理素质。而大学生面临来自学业和就业等多方面的压力，独生子女的心理弊端便显露出来，承受能力差，易造成一些消极的后果。高等学校是培养主流意识形态的重要阵地，对构筑大学生良好的精神世界发挥重要作用。高校学生管理者应通过各种渠道和方式，帮助大学生树立正确的世界观、人生观、价值观，形成高尚的道德情操和坚强的心理素质。所以，高校学生管理工作中的一个重要内容就是加强学生的德育教育和心理健康教育。这一点很多高校已经认识到并正在改进，特别要注意结合大学生实际，广泛深入开展谈心活动，有针对性地帮助大学生处理好学习成才、择业交友、健康生活等方面的具体问题，提高思想认识和精神境界。要制订大学生心理健康教育计划，确定相应的教育内容、教育方法。积极开展大学生心理健康教育和心理咨询辅导，引导大学生健康成长。

"以人为本"的管理模式是顺应当今形势行之有效的模式。学生管理者要结合实际情况积极运用这种模式，在管理中树立服务意识，充分调动学生自我管理的积极性和能动性，实现管理者和被管理者的有机融合，实现学生管理的时效性和持久性。

第六节　创新管理方式

创新是高校学生管理的灵魂，也是高校发展的关键。高校只有大力进行管理的创新，摒弃陈旧、落后的管理方式和方法，创建一种与时代发展相适应的新的管理机制，才能真正提高高校的管理水平，从而实现高校提高办学质量和办学效益。培养大批优秀创新人才的现实目标，尽管全面创新管理是针对企业的创新提出的，但对高校也同样适用。

一、当前高校学生管理工作的主要问题

（一）管理体制落后

传统的高等教育管理体制受单一计划经济体制的影响，其在管理观念和教育手段上极大地落后于当今的社会和经济环境，市场经济的灵活多变是传统教育和管理体制无法适应的。以往固定的学制和课程也变得相对灵活，曾经的毕业分配政策也由大学生自主择业代替。大学生作为知识分子群体，世界观和价值观更能紧跟潮流，不断前进和变化着。随着改革开放的深化，经济政策和体制，社会物质和文化生活都在发生着翻天覆地的变化，大学生更加追求个性，思想更具独立性，传统的计划经济体制下的学生管理体系已经无法适应高校学生的管理工作。

（二）学生管理人才缺乏

要建设高水平高等教育学校，必须在学生管理人才的引进上给予足够的重视，绝对不可以认为，人才的重点应当在科研和教育上。目前，我国高校学生管理队伍人员参差不齐，数量多，但整体素质不高，无法适应高等教育的改革和发展。因此，新时期的学生管理急需一支专业过硬、素质较高的学生管理人才队伍，强调其经验丰富，专业知识扎实，思想坚定，勇于创新。

二、高校学生管理工作创新的必要性

今日高校的功能已由单一走向多元，从简单趋向复杂，高校与社会的关系日益紧密。21世纪，人类社会正进入一个以智力资源为主要依托的全球化知识经济时代，伴随知识经济社会的到来，高等教育将在社会中发挥空前重要的作用。高校作为法人实体，必须有全面创新思维，否则将落后于历史前进的步伐。全面创新管理特别是其根据环境的变化突破了原有的时空界域和局限于教学管理部门和教师创新的框架，突出强调了新形势下全时创新、全球化创新和全员创新的重要性，使创新的主体、要素与时空范围大大扩展。

（一）管理创新是培养高素质人才的需要

当前，科技飞速发展，新技术不断涌现，要培养大批高素质人才以适应新时期的生产建设，必须不断推进教育创新，这不仅包括教育观念、教育制度的创新，在人才培养模式和学生管理工作上也必须探索出一条新的道路，才能提高人才的素质和能力。学生管理工作是高校育人的重要手段，其本身并不仅仅是一个简单的政策、制度、规章所能涵盖，它是一整套理论体系和系统工程的反映。学生管理工作的创新过程必须不断与外界思想、政策、环境相比较，适应时代的潮流和社会的发展，这样才不会被时代所淘汰。

（二）管理工作创新是高等教育大众化的需要

自1999年高校扩招以来，招生规模的不断扩大，学生人数的不断升高，以前的所谓"精英教育"渐渐被大众化的教育模式所取代，大学生的整体素质和层次也在发生着巨大的变化，这对大学生管理工作是一个不小的挑战。

高校学生管理工作只有积极创新，不断探索，才能适应高等教育大众化发展的要求。

（三）管理工作创新是服务学生的需要

我国当前正处于社会转型期，社会生活方式逐渐多样化，大学生的思想观念、价值观念、生活方式都在发生着巨大的变化。网络技术快速发展，大学生对于新知识、新技术的接受和学习更快，这使得他们被网络深深地影响着。在学生管理的层面上来看，互联网的确带来了新的技术和方法，但互联网也冲击着传统的管理方法和体制。网络信息良莠不齐，不少学生难以判断、抵御不良信息的侵袭，其思想受到这些虚假、反动信息的毒害，导致部分学生沉溺于网络游戏等，直至走上违法犯罪的道路。因此，必须对管理模式进行创新，这是加强学生工作的需要，也是提高高等教育质量的需要。

三、全要素创新在高校学生管理中的应用

（一）高校创新发展战略的制定为全面创新指明了方向

高校在战略措施的制定上，要找准切入点，突出特色，坚持特色办校，将有限资源用于战略性、关键性的发展领域，使之发挥最大的效用。高校的优势来源于管理者将内部所具有的专业特色优势，人才优势，学术科研成果，管理经验，资源和知识的积累，整体创新能力等多种因素整合。只有建立在现有优势基础上的战略，才会引导高校获取或保持持久的战略优势。推进特色办校战略，不仅在某一学科或专业上有特色，而且尽可能进一步在某一领域上有特色。

（二）创新文化的建设是实现高校全面创新的源泉

各种创新活动都离不开高校创新氛围的基础，如果高校中人们的思想僵化，思路不清、机械、呆板，满足现状，不思进取，缺乏创新欲望、动机，对创新举动不予理睬甚至百般阻截，就不可能形成强烈的创新氛围。据研究，国内外的一些著名高等学校，其保持长盛不衰的活力之源就是独特校风的延续和更新机制的存在。

（三）技术创新是实现高校全面创新的手段

现代信息技术对教师的学科知识结构以及掌握现代化教育技术的程度也提出了更高的要求，引起教学方法和手段的现代化及课程内容的更新，影响教学过程和人才培养的过程，对大学生的思维方式、行为模式、价值观念、政治倾向等都产生深刻的影响。

（四）创新制度设计是高校实现全面创新的保障

任何一个制度和政策设计的终极目标都是要最大限度地激发人的积极性。高校必须承认个人在知识发展中的独特性，建立"以人为本"的有利于学生创新思维、创新能力培养的管理制度，既有利于充分发挥学生的学习积极性，又有利于充分发挥教师的教学积极性。

（五）学习型组织是高校实施全面创新的必然选择

随着我国高等教育向大众化阶段的迈进，高校办学规模不断扩大，管理幅度和管理层次也相应增加，高校实际上已经成为一个复杂的组织系统，传统的金字塔式的组织结构已很难适应知识经济的要求。因此，应改变组织结构，建立一种有机的、高度柔性的、扁平的、符合人性的、能持续发展的、充分发挥员工的创造性思维能力的组织。

（六）全时空创新在高校学生管理中的应用

全时空创新每时每刻都在创新，使创新成为涉及学校各个部门和师生员工的必备能力，而不是偶然发生的事件。这就要求在课程体系中增加创新能力的训练和综合实践课程，提高学生在亲身实践中发现问题、解决问题的能力，进而激发灵感。

教师要更新教育观，转变教育思想，改变常规教学方法的树立，把知识的最新成果以及学术界正在争论的问题随时融进教学中去，身体力行站在创新的最前沿。况且，在全球经济一体化和网络化的背景下，高校应该考虑如何有效利用创新空间，在全球范围内有效整合创新资源为己所用，实现创新的全球化，即处处创新。

（七）全员创新在高校学生管理中的应用

全员创新要求师生员工必须学习、学习、再学习，不仅要系统学习掌握基础的现代科学文化知识，而且要钻研某一专业方面的前沿领域，做到博与专，基础与特长的和谐统一，加强当前的阶段性学习，更要强调终身学习，不断增加新知识、新技能，保持良好的知识结构。高校学生管理人员再也不能像以往那样用传统的组织手段来指挥一群富有知识、渴望创造的教育工作者，必须不断探索高校学生管理中的新规律、新问题，研究现代化高校学生管理的新的方法论，寻求新形势下行之有效的管理方法，努力增强高校学生管理的科学性和艺术性，不断提高管理成效，用信息化管理方式取代传统管理方式，更要学习借鉴国内外先进的高校学生管理经验。

（八）全面协同在高校学生管理中的应用

正常的教学秩序需要稳定的教师队伍和部门间的协同管理创新。目前，高校规模的不断扩大使得高校学生管理创新呈现出纵向的多层次和横向的多部门性，并且相互依存。无论从高校教育和教学管理的主体还是从客体来看，都不可避免地会出现利益和要求的多元化局面。高校学生管理中的协同创新行为是高校多个部门创新的组合过程，必须让所有参与协同的部门了解当前高校组织创新的实际情况，这不仅有利于单个部门的创新，而且在创新的过程中能进一步增进相互的理解和信任，利用部门间相互协同创新，增强高校的凝聚力，提高高校的管理效率和创新能力，最终实现解决矛盾，缓解纠纷，消除内耗，达到整体创新的目的。

四、高校学生管理工作创新的几点建议

（一）完善学生管理制度

高校学生管理制度是在全校范围内具有普遍约束力的各种规章、条例、制度等，是高校依据国家有关法律法规制定的行之有效的管理办法。然而，我国高校的学生管理制度大多沿用老一套的管理办法，已经跟不上时代的发展。因此，必须尽快制定出与时代和社会现状相符合的管理制度，完善管理上的不足。

（二）思想政治教育的地位不可磨灭

高等教育的根本目的是为我国的社会主义事业培养人才，为生产建设和经济发展提供人才保障。因此，社会主义思想政治教育一直是我国高等教育体系的重要组成部分。管理工作的创新也要充分利用思想政治教育这一强大武器，将马克思主义贯彻到大学生的生活、学习、工作当中去，为他们确立正确的世界观、人生观、价值观提供坚实的理论依据，使其能够自觉抵御各种不良信息和消极思想的冲击，将个人的成长与国家发展、社会进步有机结合，促使大学生不断努力，不断前进。

（三）学生管理队伍专业化

目前来看，我国高校的学生工作管理队伍普遍存在这样那样的问题，比如专业背景不同、理论基础不扎实，在学历水平和思想素质上也存在不小的差别，这对于高校的学生管理是十分不利的。因此，努力培养和造就一支学生工作的专家队伍是当前学生管理工作创新的当务之急。一支专业过硬、素质较高的学生管理人才队伍，不仅能够管好学生，更能服务学生，培养学生，提升学校的综合实力。

五、结论

高校全面创新管理体系的建立是一项复杂而艰巨的工程，不仅需要对全面创新管理中的要素理解掌握，还应采取如下策略：在宏观上政府要明确在高校科技工作上的职能定位，加强对高校科技工作的战略规划，对高校实行分类指导，引领科研方向。中观上加强校内、校外，国内、国际的科技交流与合作，建立和完善科教经互动的合作创新体制，构建开放的人才培养体系和多元化、多渠道的科技创新投入体系。微观上各高校要实施高校科技管理体制创新工程，建设科技资源共享的创新基础平台，实施科技创新人才选培工程，培育科技创新文化，提高投入资金的使用效率。

第七节　有效利用网络

互联网已成为高校学生管理工作中不可或缺的一部分，给高校学生管理工作带来机遇的同时也带来了挑战，如何充分发挥其独特优势，消除具体工作实践中的局限性，创新管理模式，将是新时代下高校学生管理工作取得成功的关键。

一、什么是网络化平台

网络化平台指的是在对计算机网络进行应用的前提下，处理各方面的工作。本文研究的主要是处理学校中的一些事项，主要包括硬件和软件两种设施。在各个区域网的基础之上将所有的支持服务系统提供出来，通过系统将工作内容的开发工具提供出来，可以导入多种类型的文件，将连接和有机整合的功能提供出来，对各项工作进行全面、系统的管理。可以说在很多领域内都能作为一种管理的工具，可以快速地添加、赋予和删除不同的权限，并且是一种高效的交流工具，对各种功能都能够很好地予以满足。

二、现阶段网络在学生思想教育中的应用现状

为了能够使网络信息技术很好地被学生所应用，并且将高水平的网络化平台构建起来，我国很多院校对校园内的网络平台进行了不断的完善。特别是近几年，网络化开始在校园中大面积地普及。作为最先进的传播手段，网络的开放性、综合性、全球性、多互性的特征使得更多的交流机会和畅通的渠道在不同文化与事务之间相互传播，给社会的发展带来了巨大的推动作用，给人类的发展也带来了促进作用。网上的信息相对复杂，虽然有很多有益、健康的信息，但也不乏一些迷信、黄色、反动的信息。有关数据统计显示，我国60%以上的学生都接触过不健康的网络。因此，不健康信息对于未步入社会大门的学生来说，势必会带来一定的负面影响，对学生的思想道德与行为习惯都会造成负面的影响。因此，构建校园绿色的网络平台就显得非常必要。

（一）网络化有助于掌握学生的思想道德状态

思想政治工作人员或者班主任教师能够利用这项技术更为真实迅速地对学生进行了解与掌握，在提升学生思想政治工作的过程中能够更加有针对性，尤其是一些能够引起学生普遍关注的社会和校园热点问题。随着信息时代的到来，学生都喜欢将自己的思想动作以电子数据的形式反映在网络上，互相之间进行讨论与交流。因此，教师可以利用网络平台第一时间获得学生思想上的真实的资料。教师可以利用对学生网站的搜索、整理及分析，找出有效的方式，及时地发现学生的思想波动与误区，对学生的思想政治方面给予正当的引导。

（二）网络化有助于改进思想道德教育模式

传统的教育方式只是通过教师在课上或课下的口头引导，或是凭空举出一些例子来进行教育。这种教学模式存在很大的弊端：一是没有认识到思想教育在学生发展中的作用；二是学生虽然明白老师是在激励自己，但是由于教师的讲解缺乏生动性，使得学生在意识上很难接受。因此，面对这样的情况，在利用网络化平台对学生进行思想教育的过程中，能够将大量的信息呈现出来，为学生提供丰富多样的素材。这些极具感染力的素材使得学生不再感到枯燥无味，从而积极地接受。此外，在对学生进行思想教育的过程中，网络平台中网络传递的及时性可以更加快速地将信息传递出来，使学生们感到思想教育工作无处不在。

（三）网络化有助于净化思想道德素质内容

随着网络时代的到来，更多的网络技术与信息被广大学生所认知和应用，但是由于学生的自控能力普遍较差，很少将其用在合理的方面。学生容易受到网络上不健康信息的污染，影响自身的思想道德的培养。因此，在此背景下，学校网络平台的搭建很好地解决了这方面的问题。首先，学校网络的安全系数比较高，在对学生进行思想教育的过程中，会大力宣传绿色教育，强力抵制那些不健康的信息，这在一定程度上会转变学生的思想观念。通过学校网络的思想教育，学生在课余时也会自觉抵制不健康因素，明确自身思想发展的方向。

（四）网络化有助于扩宽思想道德教育的视野

现阶段，随着网络技术的不断发展，已经实现了在第一时间收集世界上的全部信息，不受空间和时间的限制，对于传统信息沟通方式不能解决的问题进行有效的解决。因此，学校网络平台的建立，能够给思想教育提供更加宽广的平台。同时，学校网络平台在对学生进行思想政治教育的过程中，对学生需要的信息能够进行及时的下载，对学生的思想发展情况进行详细的存储，将更多的教育时间提供给非教育者和受教育者。强化学生的思想道德观念，将思想教育和引导提供给学生，解决了传统思想教育的时间、空间桎梏，给学生提供开放性、全社会的教育空间，利用网络的特性对学生进行思想政治教育。相关人员在对学生的心理进行分析时发现，在教学时，通过听觉与视觉相互结合，能够将学生认识事物的能力提升65%。因此，利用网络进行教学可以对学生的思想进行准确、快捷的了解，对网络信息的优势进行充分的应用，将思想政治教育的渠道和空间进行不断的扩展，将更为适合青少年、更为有效、更为新颖的思想教育方式提供给了学生，拓宽学生思想政治教育的视野，丰富学生的思想。

三、网络对高校学生管理工作的影响

随着信息技术的发展，互联网作为一种新媒介已成为大学生工作、学习与生活不可缺少的一部分，在高校已经很难找到从不上网的学生，网络行为越来越成为大学生的一种生活习惯。而作为网络的主要使用者，大学生的意识形态及行为方式也深受网络的影响，他们逐渐倾向于在网上发表自己的各种看法、愿望和意见等，并开始通过网络行为来表达对与自己息息相关的学生管理工作的关注和诉求。在实践中，网络技术也不断地被运用到高校学生管理工作中，这给我们的工作带来了机遇，但也伴随着挑战。一方面，网络技术的应用使学生管理工作变得高效、便利且人性化，但另一方面，由于网络自身虚拟化等特征，也使我们的教育管理环境变得复杂化，这对高校学生管理人员提出了新的要求。如何运用好网络这把"双刃剑"，充分发挥其独特优势为育人管理服务，将是高校学生管理工作能否取得新突破的关键。

四、利用网络平台强化对学生的管理

在对学生进行管理的过程中，网络平台的构建对于学生的管理工作强化上会带来巨大的帮助，其中主要应用在这样的几个层面。

（一）强化了学生思想管理工作

思想能够影响一个人的行为，尤其是对于学生来说，他们的思想还存在着一些不成熟的方面。学校利用网络平台，可以将社会上最新的消息传递给学生，使学生第一时间接受最为先进的思想引导。例如，可以利用最大的中文网站《人民日报》进行消息的传递，自从该网站建立之后，每天都会被浏览8万次左右，有1亿多字会被读者进行提取，可见其功能之强大，其也从另一层面映射出来网络的重要性。此外，学生因为在学习过程中会经常遇到种种的困难，思想波动的情况会时常发生，这样教育人员利用网络将学生反映出来的情况及时地进行汇总，将合理的方案制定出来，实时关注学生的思想变化情况，随时关注学生思想上的波动。

（二）强化了学生心理健康教育

不管是哪一阶段的学生，都会容易出现心理上的波动，这样，对于学生的身心健康的发展都会带来严重的负面影响。加之网络技术的出现，虽然丰富了学生的视野，但是由于很多学生迷恋网络，而迷失了方向，心理上也蒙上了一层黑雾一时难以散去。面对这样的情况，学校利用网络平台对学生的这种不健康的心理会正确地进行引导，用健康的网络来代替那些肮脏的网络信息，通过网络信息对学生的心理特点和思想脉搏进行有效的掌握。

（三）强化了对学生学习上的管理

学习是学生的本职。随着教育改革的不断深入，传统的教学方式已经很难适应社会的发展，为了丰富学生的视野，学校的网络平台在其中发挥了极大的作用。网络平台被各个学校运用了之后，可以为学生提供出更为活跃的课堂氛围。利用网络平台将学生的个人信息和学习情况输入到网络当中，这样，教育者可以对学生的学习情况及时地予以掌握，如果学生某个知识点没有理解可以通过网络及时地到老师那里寻求帮助，老师会第一时间为学生们进行解答，在某种程度上讲，网络平台的搭建为老师管理学生的学习，学生及时地寻求老师帮助之间架起了一座桥梁。

（四）增强学生的凝聚力

在现阶段的一些班级当中，很多学生都是独生子女，他们以自我为中心的理念非常强烈，缺乏团结友爱的精神。因此在面对这样学生时，班级管理者显得有些力不从心，管理起来会非常的吃力。如此一来班级就会如同一团散沙，对学生各个方面的发展都会带来严重的影响。随着网络平台在学校中的应用，教师可以通过学生的网络信息及时了解他们的真实情况，对于出现的问题，可以有针对性地进行解决。并且，教师可以根据网络平台，构建起团体性的活动，使学生能够经常融合到一起，不断地通过网络上的集体活动，增进同学之间的友谊，这样，学生的凝聚力就会慢慢地被培养起来。

五、网络时代下高校学生管理工作的新举措

（一）开拓网上思想政治教育阵地，加强对学生网络民意的疏导

网络具有开放性，它完全打破了原有国家、社会之间的限制，将世界各国都紧密联系起来，不同意识形态之间的思想碰撞和文化冲突达到前所未有的程度。

作为高校学生管理人员，必须抢占网络高地，通过网络平台创建"红色网站"，在校园网上建立理论专区，构建思想政治教育阵地。一方面，高校学生管理人员应高度重视大学生网络民意的表现，密切掌握大学生的思想动态，对于大学生所关注的热点、难点问题在网上给予及时的回应，做好疏导工作。我们应该想办法深入到学生喜欢参与交流和讨论的网上社区、网站和聊天室等，积极与学生互动交流，及时了解大学生的网络情绪。特别是针对一些学生关注的重大政治、意识形态等敏感问题要及时在网上进行旗帜鲜明的正面引导，在引导过程中要注意坚持柔和的交流态度，言之有理，言辞恳切，力求把一些尖锐的矛盾化解在萌芽状态。同时，要尽可能团结好网络中的骨干活跃人员，在网上敏感话题的争论中，网络上的骨干活跃人员的行为对普通网民有巨大的影响力，要积极发挥

他们的正面影响力，教育和带动更多的网友理性、成熟地思考问题。另一方面，要建立网络舆论突发事件应急机制。突发事件发生后，通过网络广泛、迅速、覆盖面大的信息平台将真实情况直接发送给每一位同学，提高组织传播的效率，减少信息在多层传输过程中的人为减损，防止学生被不实信息误导煽动而引发更大的混乱。

（二）增强学生网络法制意识，加大网络文明建设力度

当前，我国关于网络的相关法律法规并不完善，高校对大学生网络法制意识与网络文明的宣传教育力度不足，加上对大学生的网络行为缺乏正确、有效的引导，导致大学生普遍的网络法制与网络文明意识不强，从而造成大学生网络行为规范的缺失。高校作为大学生网络法制与文明建设的主要场所，并未有效占领网络法制文明系统建设的前沿阵地，未能形成良好的校园网络文化氛围。

针对这一现象，首先，国家要根据网络发展的新情况和新问题，及时制定和出台一系列能适应网络环境快速发展的新法律法规，不断提高打击网络犯罪与网络不文明行为的能力。高校学生管理人员要加大对学生开展网络普法教育、网络安全教育和文明上网教育的力度，积极引导学生以遵纪守法为荣，对有关网络法律问题进行主动思考，如利用社会上的一些典型案例教育学生触犯网络法律所应承担的法律责任，以示警醒；同时，可在学校相关网站或BBS社区上开辟寓教于乐的法制教育网页，设立在线互动答疑等栏目，发动学生积极参与对网络违法现象与不文明行为的深入探讨，在潜移默化中提升大学生的网络法制与网络文明意识。其次，必须坚持他律与自律有机结合，倡导在学生群体中形成互相监督，合法文明使用网络的氛围。杜绝学生对网络违法与不文明行为的互相包庇与谅解，使学生分散的网络文明行为凝聚成有组织的共建网络文明的行动。在这一过程中，应充分发挥学生党员的模范带头作用，培养一支政治立场坚定、作风正派、网络技术过硬的学生党员队伍，充当网络文明使者，利用他们来自学生当中便于与学生沟通、易于被学生接受认可的优势，引导好大学生的主流价值观，使他们肩负起宣传网络法律法规、倡导网络文明的重任。

（三）建立一支具有网络时代意识与过硬网络技能的学工队伍

高校学生管理面临的环境发生了变化，网络信息技术的快速发展向传统的高校学生管理理念与方式提出了新的要求，这是新时期高校学生管理工作必须正视的现实环境。学生管理人员要想有足够的能力应付在新的教育管理环境中出现的新问题，必须强化自身的信息素质，提高现代网络技术应用的能力，才能充分利用网络资源优势，拓宽高校学生管理工作的空间，增强学生管理工作的针对性和实效性。作为高校学生管理者，要抢占网络高地，建立属于自己的网络构架。注意网络社团、BBS社区、微博、QQ、个人飞信等网络媒介在工作中的运用，努力实现班级管理网络化，提高工作效率，使大学生表达的意见更有机会直接接近管理中心，从而改变以往信息不畅，具体管理工作、措施与现实脱节的被动局面，增强学生管理工作的针对性和科学性。此外，基于传统的教育理念，学生对老师都既敬又畏，在老师的面前难以敞开心扉，真实地表达自己的所思所想。而网络隐秘性与虚拟性的特征使网络交流少了现实中面对面交流的尴尬和顾忌，现在大部分学生都热衷于通过网络平台来表达自我，很多时候都会把自身的心情、心态或者对事件的观点即时通过网络来宣泄。这样的情况导致管理者对学生的思想难掌握、问题难发现，久而久之师生关系也由此而渐行渐远。多关注学生在网络上发表的信息，可以及时掌握学生的思想动态，从而对症下药，将一些不良的思想遏制于萌芽状态。相对于以往传统、低效的育人管理环境，当前高校教管工作成败的关键，在于管理人员是否能够在第一时间准确地获取高质量的信息，只有在知己知彼的情况下才能做出正确有效的决策。

（四）充分利用网络资源，加强对学生的服务工作

在现阶段的实践中，网络技术与资源在高校学生管理工作中的应用还处于初始阶段，很多都是停留在"面子工程"的形式上，没有落到实处。要切实在网络上开展学生管理工作，必须坚持管理与服务相结合的原则。一方面要加大校园网络的信息量，在校园网络平台上，除了能查询到学校的各种方针政策、规章制度和通知等常规信息外，还应包含各种大学生常用的学术、生活社交网络资源，努力把校园网络建设成为一个便于大学生学习、生活的综合性平台。另一方面，多

拓展针对学生的网上服务空间，如开展网上心理咨询、网上就业信息咨询、勤工俭学信息、网上社团活动等，努力利用网络自身具备的优势特征来消除某些管理工作或服务在现实操作中的局限性，开创高校学生工作的新局面。如大部分心理有问题的学生都不太善于交流和沟通，而网络可以为了解学生心理动态和进行心理咨询提供一个全新的平台。通过网上心理咨询服务，可以消除面对面的避免现实交流带来的障碍，可以慢慢地深入问题学生的心理，使其敞开心扉地宣泄内心的情绪问题，从而使教育管理者可以对症下药，准确地引导学生的行为，为更顺利地开展学生心理工作提供良好条件。

（五）注重"网上管理"与"网下管理"的结合

作为一个高校学生管理工作人员，无论信息技术发展如何迅猛，网络技术与高校学生管理工作结合得如何紧密，我们必须明确：学生管理工作不是在做"虚拟世界"的工作，而是在做"虚拟世界"背后的学生主体的工作。利用网络平台开展高校学生管理工作要做到网上管理和网下管理相结合，做到以情感人，以理服人。同时，加强校园现实的软件和硬件建设，增强现实空间对学生的吸引力。很多大学生沉迷于网络的虚拟空间，主要也是由于在现实世界中，他们的很多想法和诉求都得不到满足，只能在虚拟世界里寻求慰藉。为改变这一局面，学校要多开展受学生欢迎，易于学生接受的校园文体活动，尽可能使所有学生的心理诉求能在现实中得以满足，让他们有平台与机会能各尽其能，从而增强现实校园对学生的吸引力，增强学生的幸福体验。

综上所述，随着信息时代的到来，在人们生活或学习的各个领域当中都能看到互联网的影子，在各个层面和领域当中都有所渗透。互联网用其多种功能不断地丰富着人们的生活和阅历，将各种思想和信息有效地进行传播。因此学校在学生的思想教育和管理工作中必将发挥着不可代替的作用。现阶段的很多学校，鉴于学生不断增长的网络需求以及互联网极强的功能，网络平台在学校当中逐渐地被建立起来，在以上提及的两项工作中发挥了不可代替的作用，使工作的效率逐渐地被提升了上来。

第七章　高校学生管理新模式的构建与思考

第一节　高校学生管理模式的反思与创新

一、我国传统高校管理模式的反思

总体而言，自中国有高等教育以来，传统的高校学生管理模式就是典型的行政型管理模式。不管是清末的京师大学堂，还是民国的各类高等院校概莫能外。特别是中华人民共和国成立后，国家对教育实行高度集中统一的计划管理，教育计划与国民经济建设计划紧密相连；学生就学全部免费，工作由国家包分配；高校学生工作的通常做法就是从学校的条条框框出发，要求学生去适应各种各样的规章制度和教育管理方式，各项计划和管理比较容易脱离学生实际。

所谓行政型管理模式是利用行政方法进行管理的一种模式，它强调按照权威性的法律法规和既定的规范程序实行管理。这种管理模式具有集中统一、有章可循的特点，可以避免各行其是、任意行事，在我国教育发展史上起过非常积极的作用。但其在具体的管理过程中也逐渐产生了一些不容忽视的问题，主要表现为以下几个方面：（1）高校与学生之间的关系定位为特别权力关系，在这种管理和服从关系模式下，学生成为师生关系中被动接受知识传授和管理的一方。在计划经济体制之下，学校是直接依据国家计划来办学的，学生从踏进大学校门起就被限定在一个严格的专业之中，直至毕业国家分配工作。除了按部就班地掌握本专业已经为他设定好的学习内容外，很少有机会按照个人的意愿和特点去自主学习，选择职业、工作地点等。（2）过于强调外在规范管制，对学生自我约束的引导不足。目前，多数大学的校、院（系）、班三级学生管理的工作重心是用严格的校纪校规来规范、约束学生的行为。以一种管束学生的强制性态度和检查、监督的方式对待学生，而忽略了启发、引导学生的自我管理意识和自我约束能力。在这种管理方式下，学生缺乏参与管理的积极性和自我管理的主动性，那些外在的各种社会规范，不仅很难内化为他们的自觉要求，而且容易引发学生与管理者的冲突，影响师生关系的和谐，并使管理工作的效率大打折扣。（3）重管理，轻服务。不可否认，一直以来，我们在高校管理的实践工作中都强调高校学生管理包括规范（管理）学生和服务学生两大方面。但是在具体操作上，我们更多的时候却仅仅是强调了管理，管住学生成了学生工作的原则，而为学生做好服务往往流于形式或不尽如人意。（4）传统的能力评价观束缚了学生的自我发展。传统的学生管理体现出要求整齐划一、大一统的思想倾向。对学生的评价、鉴定、奖励、就业推荐等一般是从相对固定的几个大的方面，以学生平均状况为基准，把每个学生的相对成绩表现划分等级。这种评价会给学生这样一个意识：考试分数高的同学就是能力强的学生，考试分数高就会有好前途和更多的发展机会。这种重统一、轻个性的模式化管理目标显然不利于学生主体结构的充分发展。（5）学生管理法治化程度较低。近年来，尽管依法治校、学生管理法制化的观念已经深入人心，社会各方面对依法治校、学生管理法制化已经多有论述，国内教育学、社会学、法学等各学科的学者也从不同的角度和不同的深度作了许多研究，取得了一定的成果，但是，研究者的目光大多集中在如何加强制度建设、加强学生权利保护、学校管理方式和方法、各参与主体法律意识教育等方面，大多属于宏观范畴的思考，对于学生与高校间的关系属于何种法律关系、各方权利和义务内容如何以及如何才能做到学生管理法制化等基础性、结构性的问题，并没有更多的深入研究。

在传统的学生管理模式下，把所有学生当作一个整体，实行标准化、统一化管理，抹杀了学生的个性。受此影响，传统的教育模式习惯于让学生处于被动、从属地位，把学生仅仅当作受教育者，这显然不利于"创新人才"的培养。在传统的学生管理模式下，学生的教育培养呈现出以下特点：第一，重知识轻能力。传统教育模式忽视学生能力的培养，对学生的教育评价缺乏科学性，使"分数"成为衡量学生的根本标准，造成了"高分低能"现象的出现。第二，重智育轻德育。传统教育模式过分地把学生的智力发展放在优先位置，甚至不惜降低对学生其他方面发展的要求，导致学生的发展不均衡、不全面。第三，重共性轻个性。传统教育模式对学生实行"规模化""批量化"培养，使许多学生的学习潜力得不到深入挖掘，同时又使许多学生受到强制性淘汰，得不到最适合自身的教育。第四，重过程轻结果。传统教育对同一年龄段的学生实行统一入学、统一毕业的"工厂化"教育模式，过分注重程序与步骤的统一，忽视了学生个体差异对学习成绩和教育效果的影响，不能做到因材施教、因类施教。第五，重灌输轻引导。传统学生观认为教师和学生之间是管理者与被管理者的关系，学生被要求无条件地接受学校的教育管理，学生的学习自主权得不到尊重。与此同时，学校在对学生的教育管理过程中，对一些日常性的事务统得过多，但对于学习方法、学生心理、就业择业观念等却缺乏必要的引导。

二、新时期高校学生管理模式的探索与创新

21世纪初，全国高校扩招的结果直接导致各高校内部自有学生宿舍、教室以及其他相关教学设施甚至教学师资都不能满足学生的需要，于是，相应地出现了高校后勤服务社会化、教师聘用契约化等完全市场化的教学管理行为，学校与学生之间的关系更是不同于传统的关系。

学生上学交费、毕业自谋职业、民间资本兴办高等学校谋利等，预示着中国高等教育已经走向市场化、产业化，大学生从一个高等教育的无偿受益者转化为高等教育的消费者，其角色转化自然导致高校学生与高校之间社会关系内容的变化，必然导致高校管理模式、管理理念的变化。而这种变化是应该遵循市场规律，适用市场规则的。

当前，许多高校在本科教育中采用了按大类招生的培养模式，即在高考录取时不分专业，按大类进行招生，学生进校后经过一定时间的基础课程学习后，再根据自身条件和社会需求选择专业。这样可以使专业选择更贴近学生志愿，更能反映社会需求趋向。由于这种模式与目前高校实行的学分制改革紧密联系，在人才培养上具有一定的灵活性，符合当今高等教育教学改革的大趋势，因而被越来越多的高校所采用。

以往我们设置的专业划分过细、口径过窄、针对性过强，培养的学生思维较古板，创新性不足，已经难以适应现代社会大环境的要求。按大类招生及培养，能有效地在学校内部利用多学科的优势，克服原有院、系的框架，打通相邻专业的基础课程，实现多专业的有机组合。同时可以有效地使专业向复合型转化，进一步促进和加强新专业的建设，在学科或学科群的范畴里，对学生进行更全面的教育培养，以顺应科学技术发展综合化的趋势。

但是，这种大类招生模式和高校普遍采用的学分制，给高校学生管理提出了新的要求和新挑战。

当前高校学生管理模式主要有以下几种。

（一）传统班级管理制

这是在学年制下最为基础的学生管理模式。由于学生在进入大学时便组成传统的班级，同学间通过互相帮助，相互了解，建立了深厚的友谊，班集体有着较强的集体凝聚力。在这种模式的班级中，学生有较强的集体归属感和集体荣誉感，而班主任（政治辅导员）是学生进入大学后接触的第一个导师，因经常与本班的同学进行交流，较易取得学生的信任，可以在学生心目中培养较高的威望，能较好地开展工作。虽然传统的班级管理制有以上优点，但在大类招生体制下也有自身的不足，如分专业后，传统班级中的同学分属于不同的专业，主修的课程可能大相径庭，上课的时间与地点也都不一致，这就给班主任有效地管理学生带来了很大的困难。同时，由于同寝室各同学的专业也可能不同，当学习遇到困难时，较难就近找到同学进行交流帮助，而班主任由于自身知识结构上的缺陷，很难对班级中各个专业的学生进行专业课程的指导。

（二）专业班级管理制

所谓专业班级管理制，就是在学生分专业后（一般在大二），取消原有的班级设置，将同专业的学生编制成相应的班级进行管理的体系。由于班级中所有的同学都属于相同的专业，因而大多数同学上课的时间、地点较为一致，方便班主任对每个学生进行有效的管理，同时还弥补了传统班级管理制中同学间学习交流不够与老师不能有效地指导学生学习的弊病。但是，由于专业班级是在进大学后经过一段时间的学习后再建立的，专业班级管理制也有自身的缺陷，学生在原来的班级中都已经有了自己的社交圈，而这些社交圈通常具有很大的惯性，这样就造成学生很难融入到新建立的班级中去。因而，新的专业班级往往缺少班级凝聚力，班级的概念十分淡化，很难开展集体活动。同时由于班主任也是在建立专业班级时指定的，相对来说沟通起来比较困难，很难与班级学生交心，班级的日常管理活动也比较难开展。这样一来，专业班级往往很难成为一个真正的集体，在学生学习交流、互相帮助等方面效果不够理想。

（三）导师管理制

导师管理制是15世纪初期由英国牛津大学的威廉首创的，其后在剑桥、哈佛等大学相继被采用。即每位学生都有一位自己专业方向的导师进行指导，学生每周要与导师见面若干次，导师在学生的专业领域内对学生进行指导帮助，培养学生掌握适应学科的学习研究方法。通过这种面对面的指导，学生可以学会读书和做学问的基本方法，养成独立思考的习惯，并将某些有价值的想法向前推进一步。同时导师也会关心学生的日常生活，提供必要的帮助。在导师管理制中，对导师有着较高的要求，不仅要求导师具有渊博的学识，同时也要求导师具有热爱学生、诲人不倦的育人态度，能够对学生因材施教。因此对导师的选拔是导师制的关键，因为导师素质的高低直接影响被指导学生的培养结果。同时导师制中，导师指导学生的数量要严格进行控制，一般应控制在4～6人。由于导师个人精力有限，指导过多的学生势必造成导师制的效果大打折扣，失去导师制应有的优势。因而在普通高校全面实施导师管理制还有很大的困难，原因在于导师管理制中对导师有很高的要求，在一个专业中符合导师条件的教师不多，无法满足众多学生的需要。同时这些优秀教师往往又要从事科研、教学管理等多方面的工作，很难抽出大量的时间来对学生进行指导。

（四）辅导员制与学长制

高校辅导员主要是对学生的思想进行辅导和指引，使学生树立正确的世界观、人生观。一般来说辅导员既管思想政治工作，也进行一定的专业指导，但偏重于思想政治工作。他与班主任、导师是有所区别的，可以说辅导员制是对学生思想工作的一种有效的补充。学长制则是一种在国际上普遍推行的一种学生自主管理模式。通过高年级的学生以平等、博爱的精神和自己在专业学科学习中的切身体会、亲身经验与新生进行交流，实现良性的互动。一方面可以有效地减少学生的逆反心理，通过高年级学生与低年级学生平等的交流，实现从学习、思想、生活等多方面的"柔性管理"；另一方面，高年级学生在对低年级学生进行管理的同时也开阔了视野，锻炼了工作能力，增强了团队意识和责任心，高年级学生也有很大的收获。学长制这一学生自主管理模式对于加强学生的社会活动能力，弥补辅导员制中所出现的种种不足，具有十分重要的现实意义。

（五）复合型管理模式

单单使用以往任何一种学生管理制度已经无法适应时代的要求。有学者认为，采用复合型管理模式可以较好地适应现今高校对学生管理的要求。这种复合型管理模式是以传统班级管理制为基础，采用辅导员制与学长制为补充，同时在不同的阶段适时地辅以导师制，来强化对学生的管理。采用这种复合型管理模式，可以发挥各种制度在管理学生方面的优点，同时，尽可能有效地利用教学资源，实现教学资源效用的最大化。复合型管理模式的三个主要阶段。

第一阶段：专业基础课程教育阶段——传统班级管理制。

这一阶段在学制上一般是大一学年和大二上学期。由于在高等教育以前的教学阶段实施的都是传统班级管理制度，所以这种制度比较容易被学生适应与接受。同时由于从大一开始班主任与学生就朝夕相处，易于培养教师与学生之间、学生与学生之间牢固的感情，整个班级有较强的集体凝聚力，便于班主任在班级中有效地开展工作。由于这一阶段一般学习的是公共基础课和专业基础课，具有很大的共通性，无论是班主任对班级学生的学习指导还是学生之间的交流都变得十分充分和方便。

第二阶段：专业核心课程教育阶段——量力而行辅以导师制和强化学长制。

这一阶段在学制上一般是大二下学期到大三上学期。这一阶段主要学习专业核心课程，学生在学习专业核心课程中往往会遇到较大的困难，班主任可能只有能力指导和自己相同专业方向的学生，而对选择其他专业方向的学生的学习指导力不从心。针对这一阶段学生学习的特点，如果学校有充足的师资力量，可以考虑从大三开始就辅以导师制，有利于提高学生对专业课的学习，使学生能更好地达到学校制定的培养要求；如果学校没有充足的师资力量，那么就要依靠积极推进学长制来弥补，所以在这一阶段选拔一批品学兼优的高年级学生作为学长，充分发挥学长制在专业课程学习中的优点就显得十分有必要。

第三阶段：实践能力培养阶段——导师制。

这一阶段在学制上一般是大三下学期和大四学年。这一阶段是大学教育中比较关键的阶段，是培养学生的实践能力、综合运用知识能力的关键时期。这时需要教师花大量的精力对学生的实践环节进行指导，而这时班主任显然没有精力对每个学生进行详细的指导。所以，有必要在这一阶段为每一位学生配备专业导师，同时导师也将作为学生毕业设计的指导教师。但这里的导师制与传统的导师制有一定的区别，他们只负责对学生进行专业学科的指导，而日常的教学管理工作还是由班主任来完成，这就减轻了导师在工作中的压力，保证导师有充分的精力给予学生必要的指导，充分利用导师对学生指导细致入微的特点，有效地强化实践教学的效果。

通过对以上几种管理模式的比较，不难发现第五种模式是最为科学合理的，它博采了前四种模式的长处，又避免了它们的不足，既可以解决部分学校师生比与实施导师制之间的矛盾，又使得优秀教师在高质量完成教学工作的同时有精力从事教学管理、科研、社会服务等多方面的工作。

此外，在当前高校体制改革的新形势下，把ISO9000标准导入到高校学生工作评价中，是高校学生管理制度科学化、规范化的迫切需要。ISO标准是国际标准化组织（ISO）颁布的质量管理体系标准，它适合世界各类组织。贯彻ISO9000标准，是通过控制组织的工作过程来保证组织的产品及服务对象符合法律法规和管理、技术规范等要求。高校学生工作组织是一个组织，其管理及服务对象是学生，其对学生的管理也是一个动态的过程管理。也就是说，高校学生管理工作是有组织、有对象、有过程的管理，因而适合ISO9000标准体系。在当前高校内部教育体制改革的新形势下，把ISO9000标准导入高校学生工作评价中，一方面，首先应确立高校学生工作的质量方针，确立学生工作目标，然后再把目标转化成易于测评的指标体系。高校学生工作可被分解成五个方面的：一级质量目标、学生思想道德建设、学风建设、组织建设、纪律建设、后勤建设。以上五个方面可细化为若干个子项，例如，组织建设可被分解为党组织建设、团组织建设等四个子项，各个子项可再细分为若干个目标指向，最后若干个目标指向再被分解为若干个点。高校学生工作组织以完成子目标的点数来作为考评其学生工作成绩的依据。另一方面，对高校学生工作的认证，不是给学生工作组织本身认证，也不是给学生工作组织的上级组织认证，而是由隶属于国家质量认证中心的第三方权威评审中介机构来认证。高校学生工作与第三方评审机构的有机融合，可以有效地防止高校学生工作的盲目性和随意性，最重要的是这一改革引入了外审机制，由社会中介机构来评价高校学生工作业绩。中介机构不是学生工作组织本身，也不是学生工作组织的上级组织，他们以事实为基础，将高校学生工作作为审核对象进行评价、监督，有其客观性和公正性，能有效地推进高校学生管理工作的发展。

第二节　高校学生管理新模式的构建

一、我国高校现行学生管理模式的特点分析

我国高校现行学生管理模式是党委领导下的党委行政共同管理体制，设学生管理工作委员会，由学校分管学生工作的校领导（不同学校略有不同，一般为副书记或副校长）和相关职能部处的主要负责人组成。学生管理工作委员会负责全校的学生管理工作的顶层设计和决策部署，下设学生工作部（处）、校团委等学生管理工作部门负责政策的具体实施。在学院层面上设学生工作组和院团委，一套人马两块牌子合署办公，由学院党委副书记分管学生工作。学生工作组（院团委）由院团委书记、副书记和辅导员组成，负责学院的学生管理工作。在工作上既接受上级主管部门学生工作部（处）和校团委的领导，又接受学院党委和行政的领导。我国高校现行学生管理模式呈现出以下四个特点。

（一）条块结合两级运行

通过笔者查阅教育部直属的75所高校机构设置后不难发现，大多数学校采用学生工作内容条块结合、校院两级管理的运行模式。具体来说，75所直属高校普遍成立了校级学生工作领导机构，成员来自学生工作部（处）、武装部、校团委、教务处、思政教研室等，学生工作部（处）作为其办事机构。在学院的层面上设立学院学生工作领导机构，下设学生工作办公室，有的设立学院团委合署办公。学院学生工作领导机构接受校级学生工作领导机构的领导，工作上学院学生工作组（团委）接受校学生工作部（处）和校团委的指导。

（二）运行方式上党政合一

运行方式上党政合一是我国高校学生管理模式的中国特色的体现。通过第三章笔者对我国高校学生管理模式变迁的介绍中可以发现，高校学生管理在一定时期内从属于政治工作或等同于德育工作。另外，随着高校学生管理专业化进程的加快，思修与法律基础等思政类课程列入本科生教学计划等，标志着学生管理模式中大量行政事务活动不断增加。高校学生管理行政化趋向越来越明显，因此要逐渐加强高校学生管理的行政功能。在此背景之下，校级学生管理工作由校党委副书记和副校长共同负责，绝大多数的高校由党委副书记分管学生管理工作或在职务上兼任副校长。党委学工部和学生工作处实行合署办公。

（三）教育行政导向明显

中华人民共和国成立后我国高等教育行政先后经历了中央统一领导、中央与地方两级管理、中央与地方以及中央城市办学的三级体制。现阶段与学生管理相关的中央行政管理部门为中华人民共和国教育部高校学生司和思想政治工作司，地方行政管理部门为地方教育工委或教委学生处和德育处。我国高校学生管理是深受中央及地方教育主管部门的行政影响并接受其垂直领导。

（四）主动介入管理

美国的高校学生管理采用大厅服务式模式，由学生提出需求学校的服务大厅提供相应的服务。而我国高校学院的学生管理者与学生接触较多联系密切，通常采用主动介入学生的日常学习和生活，开展相应的管理与服务工作。

二、我国高校新型学生管理模式的构建

通过对我国高校现行学生管理模式的特点分析不难看出，我国高校学生管理模式中主要由学生工作部（处）、校团委承担学生工作的职责。教务处、思政教研室、组织部等职能部处也兼有或多或少的部分学生工作的内容。但是这些职能部处的工作自成体系，导致学生工作难以形成系统性。条块结合、两级运行的系统，信息要经过学校、学院、辅导员、班级的传递后才能到达学生，容易造成信息失真、传递效率不高甚至造成相互推诿埋怨等问题。因此，构建我国高校新型学生管理模式首要在于整合相关职能部处的学生管理职能和内容，探索建立起我国高校学生管理"大学工"模式。所谓"大学工"是指高校学生工作专门化整体化格局，突出学生管理工作的独立主体地位。

新型学生管理模式中将高校学生管理工作内容和职能全部整合到学生工作部（处）和校团委中，由分管学生工作的校领导（一般为党委副书记或副校长）统一领导。按照学生管理工作的具体职能，学生工作部（处）下设思政教育中心、事务管理中心和发展服务中心三个中心，校团委下设组织宣传部、科技创新部、社团实践部和人文艺术部四个部门。

（一）思政教育中心

思政教育中心主要负责高校学生日常思政类教育管理工作。中心下设思政类课程教研室、学生党建部、武装部三个工作机构，主要承担原思政类课程教研室、学生工作部（处）、武装部、组织部等职能部处的职责。思政类课程教研室负责《思想道德修养与法律基础》《中国近现代史》《形势与政策》等课程的第一课堂教学任务与活动。学生党建部负责学生党员的发展、教育和管理工作，组织开展学生党校、预备党员党校、学生党支部书记培训班等培训工作，指导大学生中国特色社会主义理论体系学习研究会等理论社团开展活动。武装部负责学生军事训练科目的实施、《军事理论》课程的教学任务以及国家征兵工作任务等工作。

（二）事务管理中心

事务管理中心主要承担学生事务管理相关工作。中心下设招生注册学籍管理中心、学习生活管理中心、宿舍生活管理中心三个工作机构，主要承担原学生工作部（处）、教务处、研究生院、后勤处等职能部处的职责。招生注册学籍管理中心负责高校招生、注册及学籍管理、学生档案管理、毕业生派遣等工作。学习生活管理中心负责新生入学教育、学生各类违规违纪的处理、奖学金助学金的评审和发放、学生日常行为规范的约束等。宿舍生活管理中心负责学生宿舍的申请入住、退宿、维修等工作，指导学生宿管协会组织学生开展宿舍文化节、最佳宿舍评选等活动，鼓励积极学生参与所在区域的日常管理工作。

（三）发展服务中心

发展服务中心主要负责为学生的健康发展提供各种个性化服务。中心下设心理健康教育与咨询中心、职业生涯发展与就业中心、勤工助学与经济资助中心、生活指导与个性服务中心四个工作机构，主要承担原学生工作部（处）、就业指导中心、校医院等职能部处的职责。心理健康教育与咨询中心承担《大学生健康教育》《社交心理学》等必修或选修课程的教学任务，提供心理门诊或心理健康咨询服务，紧急情况时对学生进行危机干预，开展国家心理咨询师专业培训，指导学生心理社团开展活动等。职业生涯发展与就业中心承担《大学生职业生涯规划》《择业指导》课程的教学任务，提供职业生涯规划咨询服务，搜集整理发布校园招聘信息，组织开展校园招聘会活动，开展国家职业生涯规划咨询师培训，指导职业导航协会开展活动等。勤工助学与经济资助中心负责为学生提供校内外勤工助学岗位信息，开辟勤工助学渠道，帮助家庭经济困难学生申请办理助学贷款手续，开展助学贷款偿还诚信教育工作，组织实施减免学费、临时性困难补助的审批与发放，指导勤工助学社团开展活动等。生活指导与个性服务中心负责为学生提供选课指导、学业指导、学术咨询、出国申请等具有个性化的指导与服务工作。

（四）校团委

校团委下设的组织宣传部负责学生团员的发展、教育和管理工作，组织开展学生团校、学生团干部培训、主题团日、五四红旗示范团支部创建与评比等工作，组织学生寒暑假及周末社会实践活动，指导青年促进文化协会开展文化大讲堂等工作。科技创新部负责大学生第二课堂科技创新活动的开展，组织承办参与诸如大学生电子设计竞赛、"挑战杯"大学生课外学术作品竞赛等科技竞赛活动，组织实施大学生创新创业试验计划、大学生自主科研项目，整理搜集发布全校学术讲座信息，举办科普讲座，指导学生科技协会、知识产权协会开展相关活动等。社团实践部负责指导校学生会、校青年志愿者协会、校社团联开展丰富多彩文化体育和社团活动。人文艺术部负责全校艺术类必修课、选修课的教学任务，指导学校合唱团、民乐团、军乐团、交响乐团、曲艺话剧团等学生艺术类兴趣社团开展排练和演出活动等。

在学院层面上，学院的学生工作组（学院团委）的工作职能，辅导员的工作内容对应学校学生工作部（处）三个中心和校团委四个部门的一项或多项职能或内容，实现垂直管理一人多能，利于精简人员与提高工作效率。

第三节　高校学生管理新模式的特点分析

一、利于精简人员提高工作效率

现阶段我国高校学生管理者的人数按照学生人数来衡量。教育部规定高校中每两百名学生要配备一名学生管理专职人员。以两万人在校生规模的大学为例，就要配备学生管理专职人员一百名，这对高校学生人事部门而言是很难实现的要求，现实中亦是如此。此外，高校中往往还配备了相当数量的兼职辅导员。而欧美、日本等国大学的学生事务管理人员却少得多，辅导员的配置的师生比一般在1：（3000～5000）。随着我国高校扩招步伐的加快，学校基层管理组织不断增多，校级管理幅度增大，不利于组织和领导。高校学生管理新型模式可将专职人员根据工作职能内容归口对应到学生工作部（处）和校团委接受统一指挥，工作上做到了统筹协调，保证了政策指令传达的畅通。职能部处的每个部门及学院学生工作组（学院团委）配备固定的专职学生管理人员的同时，聘任一定数量的专业教师和学生作为兼职，既可以减少对专职学生管理人员的数量又能保证工作的有效开展，提高工作效率。

二、利于提升学生管理工作专业化水平

随着高校学生管理职能的增加，学院的学生管理基层工作者所承担的事务性工作越来越多，包括日常思想政治教育、择业指导与职业生涯规划辅导、心理辅导个别谈心等，每一项工作内容都需要对应的专业知识和技能，甚至在有些人认为只要与学生相关的事情都是学生管理者的工作职责。一个人即使再多才多艺一专多能也无法胜任如此多的工作要求。采用高校学生管理新型模式，学生管理工作根据职能划分到不同部门，可根据部门的工作内容需求有针对性地选择有相关专业背景和技能的人员来招录。每位专职学生管理者有明确的岗位职责和目标，在提升学生管理工作专业化的同时利于维持整个管理队伍的稳定。

三、适应高校管理体制改革的需要

随着高校管理体制改革的不断深入，原有的院系、班级传统结构有可能被完全打破。特别是本科低年级实施通识教育试点的高校，一个班的学生来自学校若干个不同院系，如果采用传统的学生管理模式，院系一级的学生管理者将会花费大量时间用于协调各院系之间的事务，因此学生管理只能相对集中到学校一级。这也是适应高校管理体制改革需要的。

第四节　高校学生管理新型模式的关键因素分析

一、完善制度是保障

高校学生管理新型模式的实施，离不开相关配套规章制度的保驾护航。首先，建立起一套完善的领导体制，确保学生管理新模式有效运行。高校学生新模式中学校主管学生工作的校领导负责传达学习上级主管部门的重要精神与要求，研讨制定本学校实际的政策与规章制度。根据学校的发展规划和年度党政工作要

点做好顶层设计，进行重大问题决策等。学生工作部（处）和校团委的主要负责人协助分管校领导做好工作，负责制定本部门的规章制度，将工作任务进行分解后交由各部门组织实施。其次，明确高校学生管理新型模式中学生工作部（处）各中心和校团委各部门的工作职责及义务，制定学生管理者的行为规范，使其对自己的工作内容、工作目标、工作标准等了然于胸，这样才能确保学生管理各项工作的有效运转，提高工作效率的同时更好地为学生服务。最后，高校学生管理新型模式中学生管理者要树立科学化制度管理的意识，科学合理有效的制度可以使学校各管理层级做到有章可循、有章可依，减小实际工作中的困难和阻力。

二、分层管理要清晰

高校学生管理模式的构建需要按照提高管理组织效率的要求确定管理层次，根据管理幅度来推算管理层次。在实践的过程中要防止学生管理模式中的高层管理者管理幅度过大降低管理质量或因为管理幅度过小影响办学效益。在组织效率方面要充分考虑学生管理模式中基层管理者的能力和积极性，为他们提供足够施展才华的空间，发挥其主动性和创造性。高校学生管理新型模式层次设计较为合理，只要授权明确加之学生管理者素质较高，有利于增加基层管理工作者的创造性，充分体现层次化管理的效率和水平。另外在实际工作中要按照不同的内容对学生管理层次做适当的调整。在高校学生管理新型模式中，以学生工作部（处）为例，三个部门的工作内容和性质完全不同，一个属于教育型，一个属于管理型，一个属于服务型。同时对实现学生管理模式目标的作用也不同。这就必然导致三个部门的管理幅度有较大差别，操作实践上的管理层次也应做相应调整，管理层次越清晰分工越明确，工作针对性越强，效果才会越好。学生管理者在对学生进行教育管理和服务时也要遵循分层管理原则，这样才能因人制宜提高管理的针对性和有效性，实现学生管理的专业化，使学生得到个性化的指导与服务。

三、集权分权要合理

学生管理模式的集权与分权主要是指学校学生管理校级职能部门—学生工作部（处）和校团委与院级学生管理部门—学生工作组（院团委）之间权利分配的

问题，权力分配科学化水平高低与否决定部门层次之间的关系和工作效率。学生数量较大的学院，学生管理难度相对较大，管理中的情况与问题相对较多，基层需要更多的自主权用于决策。如果此时基层的管理自主权较小，事事均要汇报，必然会延误决策时间，降低决策效率，甚至还会出现因上层组织不了解情况而出现决策失误的现象。因此，集权与分权的范围与方式上要注重效率和灵活性。此外还可以建立动态考核机制，对分权的工作进行及时评估考核，一旦发现问题能及时改进。集权与分权要根据具体问题采用不同的程度。比如在学校奖学金与助学金的名额分配上，如果采用分权的模式各学院之间很难在分配方式、分配条件上达成一致，因此只能采用集权的方式。而比如在学生创新能力培养上，各学院由于学科特点不同会采用不同的培养方式，因此宜采用分权的方式，充分发挥学院的创造性并探索出符合学院学科特点的人才培养方式。

四、突出服务是前提

高校学生管理新模式与传统模式最大的不同就是突出了学生发展服务这个中心。多项网络调查表明，驱动当今学生追求事物的动力已不是对于青春和政治的激情，更多的是与自身切身利益相关的个人发展目标。大学生作为高校学生管理的客体发生了显著变化，他们的独立性、选择性、主体性等诉求显著增强。关注满足学生的个性化需求，也是现阶段学生管理工作的基本内涵，对学生的激励是对学生需求的满足，而突出学生服务是实现这一目标的前提。高校学生管理新模式中学生工作部（处）中发展服务中心下设的心理健康教育与咨询中心、职业生涯发展与就业中心、勤工助学与经济资助中心、生活指导与个性服务中心，就是要寓管理于服务之中。

五、稳态动态管理相结合

高等学校肩负着人才培养、科学研究、社会服务、文化传承创新的重要历史使命，高校的定位决定了它不应该仅是一个自成体系封闭的小社会，而是一个海纳百川充满活力的大社会。高校的社会化程度越来越高、开放程度越来越大，高校的管理工作无论从规模上复杂程度上比以往任何时期更应注重管理的动态性。

高校学生管理作为高校管理的一个重要组成部分，根据国家和社会对人才培养的要求，在管理理念上要开放包容不要闭门造车，管理模式上要实行动态管理而不是静态管理。因此各高校在实施学生管理新模式中间，应根据学校类型特点的不同和人才培养目标的差异，注意管理模式内外环境和条件的变化，实现稳态管理和动态管理的有机结合。既要在稳态中突出灵活，又要在动态中保持稳定。高校学生管理新型模式既要打破原有的封闭模式，实现开放管理，更要注重动静结合，实现学生管理模式的稳定性发展，同时在发展中不断完善创新，不断适应社会需求和高等教育发展的需要。

第八章　新时期高校学生管理模式的发展趋势

第一节　教育、管理、服务一体化发展

随着高等教育改革不断深化，高校办学规模越来越大，高校教学和学生管理工作面临诸多新挑战。这就要求教学与学生管理工作需应对新形势发展，实施全员联动机制，积极探索教学与学生管理一体化机制。

一、高校教学与学生管理体制和运行机制出现的问题和弊端

在传统高校管理机制下，教学与学生管理统一性差，使得教学与学生管理在学校与学院之间得不到统筹安排，形成了"各自为政"的管理模式，产生了不少问题。

（一）教风建设与学风建设不能互相促进

普通高校一般实行两级管理模式，学校将管理重心下移至分院。不同的工作业务归属于不同的职能部门，分工明确。在学校一级层面，教务处主管教学管理工作，而学生处主管学生管理工作；在分院二级层面，教务办公室主管教学管理工作，而学工办公室主管学生管理工作。在同一个学校里，教学管理工作和学生管理工作是两个独立运行的不同的工作系统。这样的管理运行模式纵向工作关联性很强，而横向工作关联性很弱。从而导致学校、学院两级的教学管理和学生管理工作在实际运行时，难以形成联动的紧密关系，更难以开创教风学风齐抓并进的工作格局，即以教风引学风，以学风促教风的良性互动机制。

（二）学生成人与成才出现"两张皮"

由于教学与学生管理工作联动机制缺失，工作本位思想严重，专业教师只侧重于教书，不重视育人，学工人员只侧重于育人，不重视教学。教师和学工人员彼此之间缺乏必要的交流、互动与协助，导致管理力度分散，难以形成合力。这就直接导致学生在人格教育和专业学习上的不协调，成人与成才出现"两张皮"。高校在管理人员有限、工作量很大的情况下，这种条块分割的工作模式必然会造成管理人员的严格分工，相应人员的流动和互助功能减弱，故而不能发挥管理群体的作用，工作效率不高。

综上所述，更新管理理念，探索综合管理结构，构建教学管理与学生管理一体化的管理模式势在必行。

二、实施教学管理与学生管理一体化的基础与优势

（一）在高等教育大发展的形势下，各类高校间在人才、科研、资源等方面的竞争异常激烈

从传统的高校竞争方向与排序看，作为实施"985工程"和"211工程"的第一方阵的高水平大学为争创世界一流在努力拼搏；作为教学研究型的第二方阵的地方高校为进入国内高水平一流大学的竞争更是空前激烈；其他大学也是加劲发展，提高自己的水平和增强实力，竞争同样激烈。高校即使更加努力，差距也很难很快缩短，尤其是沿袭别人的老路，以原有的思维模式、价值尺度和质量标准去发展，更不可能有所作为。因此，高校不能采用单一路径奋起直追，而要用更加开阔的视野，更有效的办法，集中更多样的资源，走多样化、跨越式发展的办学水平提高方式，才能既夯实基础、扎扎实实做好基本功课，又能大胆、前卫改革，建立起新的视域、新的路径，充分运用好灵活激励的机制，发掘组织内部多样化的资源，走超常规发展之路，开启高水平大学的卓越进程。

（二）高校办学的基本观念、基本价值、基本图景是不断改革创新的思想引领

比如，现代大学制度的"轴性理论"、坚持公办大学机制的稳定性和民办大

学机制的灵活激励性相结合的"优势互补理论"下的充满活力和高效运行的社会主义民办大学办学机制的探索，"职业化全位理论"的现代大学不可或缺的管理模式思想等等，为我们构建教学与学生管理一体化提供了思想指导。

（三）践行教学管理与学生管理一体化的初步思路

调整机构设置，优化人员配置，完善分工协调。一是撤销学生处，将学生处的部分管理职能划归教务处，教务处设置教学运行管理、学生管理、教学基本建设管理和实验实践教学管理四个处；二是继续强化二级学院管理职能的重心下移，分管教学的学院领导要协调学生工作，使教学与学生工作有效融合，加强、完善和优化学院办公室职能和人员配置，学院办公室统一负责教学、科研、学工、党务、行政人事工作的日常管理，从而为教学管理和学生管理一体化提供组织保证。

（四）完善和创新一体化管理制度

在现有的教学管理和学生管理各项制度的基础上，根据一体化管理目标要求，优化学校学工部、学生社区、校团委与各学院协调功能，优化各学院教学与学生管理职能，探索建立一个运行有效的教学和学生管理一体化管理模式、管理制度，使学生教育管理"到边到底到位"。比如，可以试行教学与学生管理联席工作例会制度、任课教师和辅导员交流协作制度、教风与学风建设联动制度等，并计划由教务处牵头，社区、校团委、学生学业信息咨询中心、各学院共同参与，完成教学与学生管理一体化的基本制度框架建设，从而为一体化管理提供制度保障。

（五）加强教学与学生管理一体化的信息建设

教学管理和学生管理统一的信息系统的建成，可以实现信息的集中管理、分散操作、信息共享，使传统的管理向数字化、无纸化、智能化、综合化及多元化的方向发展。为此，高校要一步完善教学管理和学生管理信息系统的建设，以实现教学与学生信息资源共享及信息互动，促进管理的规范化，增强学校和学院两级教学与学生一体化管理协作，使其更好地为学校的育人功能服务。当然，教学与学生管理信息系统涉及面广、功能性强，它的应用在为学校教学与学生一体化管理工作带来高效、便捷的同时，也将对今后的教学与学生一体化管理工作提出全方位的、更高的要求。

（六）强化"全员育人"工作机制

学生培养涉及教与学两个方面，必须实现二者的结合才能达到培养人的目的。高校要积极探索建立一个全员联动一体化，跨边界、无缝隙，管理重心前移与教学班的"全员育人"工作体系，实行多层面、多角度、全方位育人管理模式，即广泛调动、充分利用各层面管理育人的积极作用，包括班委成员、辅导员、学生家长、专业任课教师、校领导等，全力培养德、智、体、美全面发展的合格人才。一体化管理模式不是简单的合二为一，而是一种相互统一和相互促进的管理运行机制。因此，我们要紧紧围绕教学管理和学生管理的连接点——"育人"，以教学为中心，激发教师教学的育人功能，促进专业教学和学生管理相互融合，从而逐步建立一个有特色、有效的教学管理和学生管理一体化的管理模式和运行机制。

第二节　科学性、时代性、层次性相融合

学生管理工作是学校教育的重要环节。随着社会的文明和进步以及现代高校管理理论的研究，人的重要性凸现出来。要解决学生管理工作的弊端，必须在学生管理工作中实现制度化管理与人性化管理的有机融合，充分发挥学校和学生双方的主动性，从传统的学校管理学生变为学校管理和学生参与相结合，注重人文关怀，尊重学生人格，关注学生身心健康，实现学生全面发展，满足社会对人才多样化的需求。

一、高校学生管理工作的现状

（一）学生管理理念滞后，管理体制僵化

目前许多高校的学生管理还没有摆脱传统教育观念和模式的影响，自觉不

自觉地对学生训斥，平等交流的机会少；空洞的说教多，心理交流、辅导少；管理的色彩浓，服务的色彩淡；学生管理的权限和主体不明；当学生的权利遭到损害时也得不到有效帮助等。这些特点就导致了学生对学校管理的反感，从而表现为学习积极性不高，难以配合学校的管理工作，导致我行我素等不良结果。这些矛盾产生的缘由是多方面的，但从高校学生管理工作方面进行反思，学生与学校之间的纠纷，问题可能多出在学生的管理方面。高校学生管理工作有很多具体目标，但这些具体目标都必须围绕一个根本目标，朝向一个价值中心——学生的全面发展。这就要求在学生管理工作中坚持人本理念，强调把维护学生的尊严和价值当作管理的最高目标，把学生的长期生存和长远发展当作管理的根本所在。高校学生管理工作是坚持以管为本，还是坚持以人为本，这是两种不同的理念，这两种不同的理念直接导致不同的管理行为和效果。事实证明，实施人性化管理，不仅可以有效化解学生之间的很多矛盾，降低学校管理成本，而且有利于构建民主健康的师生关系。

（二）学生管理工作形式单一，趋于表面化

长期以来，我国高校学生管理理念滞后，管理体制比较僵化，强制性的管理理念处于主导地位，管理形式过于单一。在新的历史条件下，学生管理工作必然会碰到新问题，发现新情况。高校不断完善学生管理制度，这既是时代对学生管理工作的要求，又是"以生为本"的具体体现。反思以前的学生管理规章制度，充斥的是行为规范、处罚条例和奖惩细则，这类制度置学生于被看管、被监督的环境之下，管理工作趋于形式化、表面化，导致学生的潜能和个性被深深压制，积极性和主动性大受挫折，从学生思想深处去分析问题和解决问题成一纸空话，尤其在心理问题的开导、人生目标的确立、专业方向的选择等涉及学生发展的大问题上，缺少必要的指导和帮助。在这种氛围中培养出来的学生很难成为具有创新思维、人格健全的全面发展的人。而现代社会需要的是创新型人才，只有在和谐宽松的氛围中，学生的个性、兴趣与潜能等才能得到有效的培养、发掘和尊重。因此，强调以学生为本、尊重学生的人性化管理方式必然被提上日程。

（三）学生管理工作者的业务素质跟不上时代发展的步伐

随着素质教育的全面推进，学生管理工作更加强调全面性、层次性和现代性，这就要求学生管理工作者拥有更广泛的管理学知识和懂得采用现代化的管理手段。目前，由于许多高校对学生管理工作者缺乏切实可行的激励机制和管理措施，导致学生管理工作者出现了事业心和责任心欠缺，工作积极性不高的现象。同时，较多高校学生管理工作队伍在组成上采用专兼职相结合的方式，有些兼职辅导员或班主任由于重点关注科研和自身业务教学，致使他们花在学生管理的时间较少，与学生缺乏必要的交流和沟通。另外，大部分兼职教师在学生管理方面的理论知识欠缺，再加上学生管理工作者出去学习、进修和提高的机会较少，导致他们的业务素质不能适应时代发展的需要。

二、学生管理工作制度化与人性化有机融合的意义

（一）学生管理工作制度化与人性化相融合克服了单纯制度化带来的弊端

以往传统管理模式下的强制性管理，只关注理性因素而忽视了人的因素，学生管理工作程序化、标准化和规定化。这种模式可使各级学生管理工作者职责分明，学生管理工作井然有序地展开，其不足之处在于使学生管理工作者缺乏创造性和积极性，导致对学生的教育和管理机械化，学生本人的潜能、兴趣和个性等得不到有效的发掘和培养。学生管理一定要因人、因时、因事而异，应采用刚柔并济、人性化的管理方式，充分发挥学生的主观能动性，使学生由"要我学"变成"我要学"，这是未来学生管理发展的趋势，也是当今社会发展的要求。在专业教学上，我们提倡"因材施教"。在日常学生管理工作中，同样需要因人而异，对症下药，对待不同的学生要采取不同的管理方法，只有这样才能尊重和促进大学生的个性发展。

（二）学生管理工作制度化与人性化相融合是学生工作发展的必然要求

无论是制度化管理还是人性化管理，其目的都是最大限度地调动师生的积极性，顺利实现管理目标——学生的全面发展。而激励大多数人、约束少部分人是

制定制度必须遵循的原则，因此，制定规章制度应得到大多数师生的认可并形成共识，使作为执行者的学生能积极感受到自己的义务与职责并自觉遵守，而不是消极地服从与执行。在规章制度的执行中，还要注意把握适度原则，坚持原则性与灵活性相统一，对学生中的具体问题要因人而异，灵活处理，这些都是人性化管理的基本要求。随着时代的发展和高校学生管理工作的改革，要求人性化管理的呼声越来越高，这是大势所趋，也是学生管理工作发展的必然要求。

（三）学生管理工作制度化与人性化相融合是培养高素质大学生的现实需要

现在"90后"的大学生绝大部分是独生子女，有些学生自尊心和个性比较强，凡事以自我为中心，欠缺尊重别人、关爱别人，更不懂得替别人着想，换位思考，缺乏实践能力和社会经验，承受挫折的能力较差。上述情况表明，传统的"一刀切"的学生管理模式已不适应大学生综合素质培养的要求。人性化管理正是针对不同层次的大学生所采取的"量身定做"的管理方式，这种模式把"教育对象"变成"服务对象"，由过去的强制性管理转变为现在的服务性管理，这是管理理念一个根本性的转变。这种管理理念的本质就是以学生为中心，明确学生是教育和管理的主体而不仅仅是管理的对象，是按照社会对大学生的素质要求实施的人性化管理。

三、学生管理工作制度化与人性化两者关系认识上的误区

（一）制度化与人性化在学生管理工作中是互为对立的关系

制度化管理是以制度规范为基本手段，协调组织机构协作行为的管理方式，是强调依法治理，严格依循规章制度，不因个人因素而改变，强调"规范化"的一种管理。纯粹的制度化管理较少考虑个人因素，是一种刚性管理。而人性化管理，从字面意义上说，即是以人为本，在管理中理解人、尊重人，充分发挥人的创造性和主观能动性。人性化管理在于实现个体的发展与价值，是一种柔性管理。因此，部分学生管理工作者认为，制度化管理和人性化管理是矛盾的两个对立面，若强调制度化管理就无法实施人性化管理，若重视人性化管理就兼顾不了

制度化管理，两者不可兼得，否则就不是纯粹意义上的制度化管理或人性化管理。但是，人性化管理和制度化管理并不是对立的两个极端，而是在不同层次上的两种管理手段。相比较而言，人性化管理是在制度化管理的基础上，更着重于人性化。所以，人性化管理是学生管理工作的目标和方向，制度化管理是人性化管理的基础和保障，两者缺一不可。人性化管理强调的是管理的艺术性，而制度化管理强调的是管理的科学性。没有制度，学生管理工作将失去标准和依据，而没有人性化管理，学生管理工作将失去长远发展的根本。人性化管理必须以制度的完善为基础，二者是相辅相成，不可分割的。

（二）人性化管理等同于人情化管理

有些学生管理工作者认为，人性化管理会因人性的弱点在管理中暴露出来，从而使管理混乱，以至于毫无章法。在这里需要分清一个概念，这就是人性化管理不等于人情化管理。人性化管理是以严格的规章制度作为管理依据，是科学而具有原则性的；而人情化管理则是没有制度作为管理依据，单凭管理者个人好恶，没有科学根据，非常主观的一种管理状态。所以，人性化管理并不是完全抛开制度而只讲人情的，它是一种在制度规范的基础上，更多地考虑人性，从而促使学生能够更全面地发展。因此，"人性化"是在管理制度前提下的"人性化"，它强调的是在管理中体现"人情味"，让管理不再"冷冰冰"。人性化管理的核心是信任人、理解人、尊重人、帮助人、培养人，给人更大的发展空间，给学生更多的关爱，从而提高学生的积极性、主动性和创造性，激发优秀人才的良好创新意识和创造能力。

四、实现学生管理工作制度化与人性化有机融合的对策

随着全球经济一体化和网络的迅猛发展，学生的思想观念日趋复杂，传统的学生管理工作的管理理念、管理体制和管理方式难以适应新形势发展的需要，新时期高校学生管理工作改革和创新势在必行。

（一）建立科学、规范、完善的学生管理人性化制度是基础

人性化管理是建立在科学合理的制度之上的，离开了合理的规章制度和规范

的管理，学校的管理将没有依托，各项工作将成为一盘散沙。规章制度是依法治校的基础。因此，必须建立科学、规范、完善的制度体系，通过制度来充分表达学校对学生的管理态度和要求。问题的关键是制度要合理科学，符合时代发展要求，既要体现对学生的要求，又要充分信任和尊重学生，同时还要体现学校的管理手段和方式。要以教育为主，处罚为辅，并为进一步促进学生全面发展营造更加宽松的氛围和空间。这就要求学生管理工作者经常开展调查研究，充分了解当代大学生的思想动向，听取他们的合理需求，甚至让他们参与制度的制定，使制度的产生立足于学生的现实需要，制定出公正合理、严格平等的学生管理制度。人性化管理不是放任管理，更不是人情化管理，人性化管理是以严格的制度作为管理依据，是科学规范而具有原则性的，它不是降低规章制度的严肃性和公正性，而是更注重提高管理学生的艺术，改变管理的方法和方式，其最终目的是要教育、培养和发展学生。

（二）转变观念，牢固树立"以学生为本"的管理理念是关键

理念主导行动。要做好高校学生管理工作，最重要的是转变观念，牢固树立服务意识，采取换位思维的方式，从学生的视角去看待问题和解决问题。各项工作必须立足于学生现实发展的需要，围绕调动学生的创造性和积极性而展开，把工作的着力点放到研究学生关注的热点和焦点问题上来，始终以学生的愿望和呼声作为工作的把手，把学生满意不满意作为检验工作的尺度，让个性在制度允许的情况下得到充分自由发挥。要积极构建学生成长成才的管理服务体系，从以强制性教育管理为主的工作格局转变到强化服务、引导和沟通的新格局上来，由传统的"教育管理型"向"教育管理服务型"转变，牢固树立"以学生为本"的管理新理念，使学生管理工作真正抓出成效。

（三）注重提高学生自我教育、自我管理的能力是重点

自我教育能力是指学生自觉主动地把社会要求的思想道德规范在内心加以理解，并通过实践转化为比较稳定的自觉行为的能力。当代大学生参与意识较强，他们乐于对自身的生活、学习进行决策和控制，因此，有效调动学生的主观能动性，激发学生的参与意识，建立和实行学生工作以管理者为指导、以学生自身为

中心的服务型管理模式，充分发挥学生在管理工作中的主体性作用。要善于多角度引导学生，采用多种形式，鼓励学生参与管理，培养他们的自律能力，尊重他们的民主。

第三节　依法治校，实现高校学生管理模式的法治化

在高校中创新学生管理的法治化育人模式，规范学生管理相关制度的科学化、体系化，保证学生管理相关制度的执行力、公正力，确保学生基本法律知识的知晓度、掌握度。更好地引导学生树立社会主义法治理念和法治意识，养成遵纪守法的行为习惯，同时为解决学生学习和生活中遇到的实际问题提供法理依据，把思政课堂教育与校园文化建设结合起来，营造良好的法治育人氛围。

一、高校学生管理模式法治化的必要性和紧迫性

（一）高校学生管理模式法治化的必要性

首先，高校学生管理法治化是依法治国的重要组成部分。依法治国，建设社会主义法治国家，已成为加强社会主义民主和法制建设中的最强音。全面的依法治国应当将社会中各种关系纳入"法治"的范围，由"人治单元"组成的"法治社会"是不可想象的。同时法治社会也必然对其构成因子产生此种客观要求，这两者存在互动关系。

在这样一个大背景下，学生与高校的关系发生了变化，过去我国高等学校运行的经费来自国家拨款，高校管理者的管理权是行政权力的一部分。虽然从宏观上讲，国家行政权来自人民的公意，但特定到学生与学校的这一具体关系，则是一种纵向的服从与被服从的关系。但自1997年以后，普通高校全部实行并轨招生，学生自费就学，自主择业，学校收取费用，提供服务，学生与学校之间的关系转变为契约关系。管理者的管理活动不再是依据其作为管理者的身份，而是依据契约——与学生达成的契约以及学生之间达成的契约，这二者之间时有交叉。由此高校学生管理工作中学校更多的是以民事主体的身份出现的，当然也不排除

其出于社会公益目的而为公法授权之行为，比如依据《教育法》对学生学籍进行管理，依据《学位管理条例》授予学生学位以及依据原国家教委《普通高等学校学生管理规定》行使相应的行政管理权，但其管理活动需纳入"法治"的轨道是毋庸置疑的。

可见，高校学生管理模式法治化是高校社会主义办学方向的自我要求。高校作为社区、社会生活的重要组成，作为科技、文化的辐射源，对于整个社会的法制化建设都具有重要影响。党把依法治国、建设社会主义法治国家确立为我国新时期党和国家重要的治国方针，这是政治体制改革的基本要求和主要任务。社会主义法制化国家的建立，不仅需要有完备的法律体系，更需要全体公民具有良好的法律意识和法律素质。高校培养的人才是未来我国经济和社会发展的重要力量，其法律意识、法制观念如何直接关系到他们在今后的社会生活中的行为方式是否符合法律规范的要求，关系到国家事业的成败。同时大学生作为较高文化素质的人才，其言行举止对社会具有较强的影响和示范作用，通过对他们进行法律意识、法制观念的教育，运用法律手段来规范他们的学习、生活，促进他们素质的全面提高，使他们形成遵纪守法的习惯，有利于推进全社会的法制化进程。

其次，高校学生管理模式法治化是培养创新人才的必然要求。高校的管理环境是创新人才成长的土壤，强调公平、效率与秩序的法治环境能为人的创造性的发挥提供保障。有人担心高校学生管理模式法治化会人为设置一些条条框框，不利于创造性的发挥。这是对法治的误解。为鼓励创新提供的最有效的保障就是在高校中建立公平竞争的环境，这样才能保障学生创新的积极性不受挫伤。学生通过自身努力得不到回报，或者发现那些没有通过努力而采取其他不正当方法的人也取得了和自己一样的效果，这都是对学生的积极性的极大伤害。因为高校是他们踏入社会的第一步，在高校获得的社会经验对以后的人生会产生莫大的影响。高校管理如不能从制度上保障学生的权利，让所有人在公平的环境下竞争，将会从根本上扼杀学生的创造力。因此可以说实现高校培养创新人才的目标，必须依靠高校学生管理模式法治化。

再次，高校学生管理模式法治化是高校管理体制改革的内在要求。在市场经济体制下，高等学校已从计划体制下的纯公益性事业单位转变为既坚持公益性又有产业性的教育实体。学校作为独立的事业型法人，享有办学自主权。学生享有自主决定报考学校及专业类别、缴费上学、接受高质量的服务和受教育的权利。学校与学生的行为受符合法律、法规的双方各自利益意愿的约定，即合同的调整。学生报到注册取得学籍即表明做出接受学校的教育、管理和服务，遵守学校的规章制度，缴费上学的承诺。学校接收学生入学，表明学校按要约提供优质的教育教学服务，使学生圆满完成学业。双方依合同约定享有权利和履行义务。如学生违反合同，不履行遵守校纪校规的义务，则学校按法律、法规规定及合同约定行使权力给学生以处分，学生承担违约责任。反之，学校不履行义务，构成违约，则学生行使权力，如请求权、申诉权甚至使用诉讼权维护自己的正当权益，学校应承担违约责任。随着高校内部管理体制改革的不断深入，高校后勤社会化的进程日趋加快，学校不再依据其作为管理者的身份，而是依据契约——与学生达成的契约对学生进行管理。社会化的后勤系统实行开放式的管理，要使大学生既能适应后勤服务社会化的管理，又要实现高校教育培养目标。实现学校管理与社会管理的接轨，就必须实现高校学生管理模式法治化。

最后，高校学生管理模式法治化是改善和加强高校学生管理工作的现实要求。虽然我国高校开设了大学生思想道德修养和法律基础公共课，但是不少大学生对这门课并不重视，有些学生即便学了也是为了应付考试，最终学用分离，重学轻用，法律意识淡薄，不考虑自己的行为责任，更谈不上用法律来严格规范自己的行为。他们总感到自己还是学生，还不需要用正式社会成员的标准来要求自己，法律应对他们网开一面。因此在校园生活中，一些学生随心所欲，想干啥就干啥，破坏公物、胁迫他人等违纪、违法行为时有发生。这些完全可以从《刑法》《民法》《治安管理处罚条例》等法律、法规条文中找到处理的依据，然而在实际处理中总是按校规来处理。而大学生们认为校内的制度是有弹性的，即使处理了，他们也只认为是违纪，而不认为是违法。这就混淆了法律和纪律的概念，影响了法律的尊严。甚至有的司法机关出于对大学生前途的考虑，在处理学生违法行为时就低不就高，就轻不就重，将违法作为违纪处理，这在某种程度上助长、放任了学生的违纪、违法行为。实现高校学生管理模式法治化，用法律法规来调整和规范大学生的行为，有利于提高学生管理工作的效率与质量。

同时，高校学生管理模式法治化也是加强高校思想政治工作的客观要求。随着改革开放的不断深入和发展，人们的经济、政治生活都发生了变化，学生主体意识和权利意识明显增强。受市场经济负效应的影响，社会上一些功利主义、享乐主义、实用主义、拜金主义等思想在高校大学生中也有所反映。大学生的行为越来越功利化、社会化，在这样的情况下，单单依靠说教式、学生自律式的思想政治教育和管理的作用，显然是远远不够的，只有逐步实现高校学生管理模式法治化，以此作为思想政治教育的补充，才可能形成良好的育人机制。

（二）高校学生管理模式法治化的紧迫性

一方面，从我国高等教育大的层面来看，法律规定的缺位、滞后与粗糙是高校学生管理模式法治化进程中亟待解决的问题。

在我国高等教育方面法律规定的缺位，最突出地表现在缺乏必要的纠纷解决机制方面，尤其是缺乏受处分学生对处分不服如何救济的法律程序。例如在对学校处分学生方面，虽然《普通高等学校学生管理规定》第六十四条有"对学生的处分要适当，处理结论要同本人见面，允许本人申辩、申诉和保留不同意见。对本人的申诉，学校有责任进行复查"，但是，直到目前为止，并没有任何法律、法规、规章对受处分的学生如何行使申诉权，包括申诉的机构、申诉的时效以及有关机构答复的期限，对申诉答复不服的，被处分的学生应当如何救济等种种问题作出规定。

我国的《教育法》与《高等教育法》分别于1995年与1999年施行，其与时代脱节之处并不多，但由于这两部法律规定得都比较原则、笼统和抽象，在高校管理及司法实践中较少有实用性。但对于与高校管理及与高校学生有着密切关系的《学位条例》《高等学校学生行为准则》及《普通高等学校学生管理规定》却分别于1981年、1989年、1990年实施，它们之中自实施之日起至今最长的有27年，最短的也有18年。在改革开放至今的四十多年里，尤其是近些年，我国高等教育取得了突飞猛进的发展，高等教育领域正在进行着一场深刻的革命，目前我国的高等教育已经基本上完成了从"精英教育"向"大众教育"的转变；加之近些年社会经济、文化的迅速发展及人们观念的改变，我国高等教育正面临着前所未有的新的运势，这些当初计划经济占主导地位时期由"政府推进型"立法所产生的法规本身就较为笼统，这些法规在新形势面前已经显得"力不从心"。比如，就学位评定程序来说，按照《中华人民共和国学位条例》及其《暂行实施办法》的规定，高等院校的毕业生想取得学位必须过两关：第一关是毕业论文须经院系答辩委员会通过；第二关是毕业论文经院系答辩委员会通过后，还必须要经校学位评定委员会评审通过。按照《学位条例》第十条第二款的规定，校学位评定委员会的任务是"负责审查学士学位获得者名单，负责对学位论文答辩委员会报请授予硕士学位或报请授予博士学位的决议，作出是否批准的决定。决定以不记名投票的方式进行。经全体成员过半数通过"。《学位条例暂行实施办法》第十条规定，学位评定委员会由9～25人组成，任期2～3年，还规定了其下可设置若干分委员会。因此，从以上的规定来看，高校的学位评定委员会组成人员并没有专业的限制，实践中其一般也是由各个不同专业的专家所组成的。因该《条例》及其《暂行实施办法》并未规定学位评定委员会的审查是实质审查还是程序性审查，由于该立法存在的这一缺陷，遂使得在实践中经常会出现那种外行审查甚至否决内行论文的不严肃和不合理的现象。

另一方面，具体到各个高校，学生与校方纠纷的增多也使得高校学生管理模式法治化成为现实而紧迫的问题。

在我国教育类法律、法规中，直接涉及高校学生管理的主要有两部规章，即前国家教委分别于1989年和1990年颁布的《高等学校学生行为准则》与《普通高等学校学生管理规定》。各高校对学生进行管理的规定一般都是在以上两部规章的基础上自行制定的。有的高校在一些处罚性条款，尤其是对学生处以勒令退学或开除处分的条款上往往弹性非常大，有的超越了我国现行法律的规定，有的甚至本身就不合法。例如，为了严肃考风考纪，有些学校规定，考试作弊一经发现即对作弊的考生处以勒令退学或开除学籍的处分。被勒令退学或开除的学生其命运与前途往往就此毁于一旦，如此规定是否违反高等学校教书育人的宗旨等等，就其规定本身来说，其实就是不合法的。按照《普通高等学校学生管理规定》第十二条的规定，对于"考试作弊的，应予以纪律处分"；第二十九条规定应予退学的十种情形之中，并没有不遵守考场纪律或作弊应予退学的规定；第六十三条虽然规定了"违反学校纪律，情节严重者"，可给予勒令退学或开除学籍处分，但前提是高等学校"学校纪律"规定本身应该符合我国有关法律的规定，而不能在法律规定之外任意扩大、自我授权。因此，这种仅依据学校内部的一纸超越甚至违反我国现行法律规定的管理规定就剥夺受处分学生享有的受《宪法》保护的受教育权，其合法性实在值得怀疑，也难免有些学生因此而将校方告上法庭。

高校在管理过程中有时还因为缺乏程序观念而被学生告上法庭。如在田永诉北京科技大学拒绝颁发本科毕业证书、学士学位证书案中，学校当初对田永的处分决定并未直接送到田永的手中，亦未告知其申辩、申诉的权利。再如黄渊虎诉武汉大学学籍与户籍管理案中，当初武汉大学因黄考博政审不合格作出不予录取而让其跟读的决定时，亦并未告知黄申辩、申诉的权利和途径，也未告知其"跟读"的具体含义。而且，既然田永当初已被"取消"了学籍，黄渊虎并未"取得"学籍，那么学校就不应该让他们一直在学校读到毕业，因为可以预料的是，在这种情况下，毕业时发生矛盾是不可避免的。因此，北京科技大学对田永处分的程序，直接违反了《普通高等学校学生管理规定》第六十四条的"处分要适当，处理结论要同本人见面，允许本人申辩、申诉和保留不同意见。对于本人的申诉，学校有责任进行复查"的规定。而武汉大学在黄渊虎问题上也违反了"正当的法律程序"。

二、法治的主要内涵和目标

把握法治的内涵首先要澄清两种模糊认识。其一"法治"不同于"法制"。从本身的含义来说，"法治"是指严格遵法、守法，依法办事的原则，而法制是指一定范围内的法律制度或法律上层建筑系统；法治是运用法律及其制度为基本手段和方法来治理，是法制的功能要求和动态过程，是包括法制在内的更大的系统。其二"法治"是指"依法"管理，即将法作为学生管理的最高权威，没有任何个人或利益集团可以凌驾于法之上。而不是"以法管理"，不能将此仅仅作为学生管理的一种工具和手段，否则就会陷入法律工具主义的误区。

从某种意义上讲，法治实际上是对社会的权利、义务、权力、责任等进行合理分配的一种制度设计和安排。权力是法治的一个重要因素。权力具有极大的权威性，这必然会出现这方面的结果。一方面，权力的权威性会给人民和社会带来利益，它是法治所要建构的社会秩序产生的前提，也是法律真正得以实现的基础；另一方面，权力的权威性使之存在着对社会和他人潜在危害的可能。因此它也是法治所要制约的主要客体。权力的制度化、法律化，是使权力在运行过程中依照已由法律规定好的行为模式合法运行。权力的制度化应包括几个方面的内容：一是保证权力具有极大的权威性，以实现权力的正当目的，这主要是指权力用以维持社会秩序与安全、保障自由和权利及实现社会发展目标。但制度化的权力只与特定的职位相联系而非人格化，而职位是对所有公民平等开放的，这有利于防止因权力的过分人格化而出现的利用权力谋取个人私利的腐败现象的出现。二是应确立保证权力分立的制度。权力过分集中在某个人或某个机关手中，一方面由于缺乏权力内部的分工，而降低权力的效率；另一方面，更为重要的是由于权力的过分集中，使权力间失去互相制约的可能，而产生更大的任意的可能。这种任意如果由好人来行使，也可以"使好人无法充分做好事，甚至会走向反面"。而且一旦由坏人来行使，过分集中的权力将极大地损害社会和公民的权利。在人治社会人们只能依赖圣君贤相，但法治合理的权力制度可以把权力的潜在危害性降到最低点。三是以权利作为权力的运行界限。早在18世纪孟德斯鸠就认为：一切有权力的人都容易滥用权力，这是万古不易的一条经验。有权力的人们使用权力只有在遇到权力界限时才有休止的可能。在法治下，应形成以制度化的权利制约权力的机制。基于这样的设计，权力的制度化包括以宪法、行政法、诉讼法等法制确定权力的产生、构成、限制、运行、保障、责任和监督制度。权力的制度化，使法律成为使权力合法化的唯一手段，通过法律可以准确地确定官方权力的范围和界限，从而有利于实现通过法律对权力的控制，以确保权力的行使符合正当的目的，防止出现权力的误用和滥用。

权利是法治的另一要素。以法律的形式对权利和自由进行合理分配是法治的目的。权利的制度化是指将社会中的权利要求转化为法定权利。现代社会起源于商品市场经济的发展，在这种经济条件下，社会关系主要体现为物质利益关系和平等交换关系，这就必然产生人们对利益和平等的权利要求。但是仅有权利要求是不足以保证权利的实现的，加之现代社会各种利益的冲突，人们的权利要求也各不相同，只有将这些权利要求通过立法者的选择和平衡，在具体的法律法规中将其制度化，才能确保权利真正受到保护和得以实现。权利的制度化具体表现在：一是有关权利主体的制度。主要指：权利主体地位的规定，权利主体不仅包括公民、法人，还应包括政党和其他社会组织；具体权利义务的规定，如公民政治权利的规定，主要有选举权和被选举权，言论、出版、集会、结社、游行示威权，知情权和参与决策权；经济方面的权利，如所有权、劳动权、平等权、继承权、投资权等等。但权利永远不可能是任意和无限的，权利行使的绝对化，必然会导致无视权力和他人权利，给社会造成灾难。因此法律在将权利制度化的同时，也通过义务的设定，使权利主体在享有权利的同时也应承担义务。责任方面的制度。任何主体包括公民、法人、政党等权利主体对权利的滥用和对义务的漠视都应承担法律责任。二是有关权利实现的制度。将法定权利转化为实有权利，这才是法治所应追求的目标，在将权利要求转化为法定权利时，必须考虑到权利的经济、政治和法律保障制度化。三是权利救济制度。当合法权利受到非法侵害时，法律应提供有效、及时的法律救济方法，这主要表现在各种诉讼制度上。以保障公民基本权利的宪法和其他单行法规，以产权制度、法人制度和契约制度为核心的现代民商法，都在致力于实现权利的制度化。

完善可行的权力和权利制度是判定一个社会是否真正实现法治的最基本的制度准则。以此为出发点形成一系列的法律制度、规则、原则和概念，它们共同构成法治的制度标准。

实现学生管理的法治化，单纯仰仗完备的法制是不够的，而且要建立一个学生管理法治系统。这个系统应包括：法治的主体系统——民主系统，即校园内以民主形式组建的对学生管理工作具有决定性影响的组织；法治的思想观念系统——它是学生管理工作的主导系统；法治的教育系统——包括对管理人员的法治观念的培训以及对学生的法律教育系统；法制系统—包括调整学生管理活动的由国家制定的法律、法规以及学校自行制定的规章制度系统；法治的辅助系统——包括学校的学生处、保卫处以及校园文化心理、伦理道德等系统；法治的信息反馈系统和监督系统，前者包括国家和学校相关部门的内部反馈系统以及校刊、广播站等外部反馈系统，后者包括国家、政府的监督，校长、党委的领导监督，学生代表大会的监督以及民间社团、校内传媒等社会监督，还有来自学生的直接监督，二者时常是你中有我、我中有你。

三、如何实现高校学生管理模式的法治化

（一）加快高校学生管理工作法制化进程是实现学生管理模式法治化的前提和基础

推进管理法制化是纠正高校学生管理制度建设弊端、堵塞制度漏洞的有效手段。我国《高等教育法》第十一条规定："高等学校应当面向社会，依法自主办学，实行民主管理。"它明确了学校自主管理权的行使必须遵循法制原则。学校教育是对"人"的教育，对人的教育必须建立在尊重人的基础之上，而对人的尊重首先是对人权利的尊重。长期以来，教育道德化是我们一贯的教育理念。在教育过程中，权利的设置和运用常常只受道德标准的衡量与限制，而缺乏法律的规范。但在依法治国的环境下，学校与学生之间的关系已经不再是一种简单的管理者与被管理者之间的关系，而是一种对应的权利义务关系。因此，我们应当将教育关系作为一种法律关系来看待，应当将尊重受教育者的合法权益作为教育者的首要义务，在行使教育管理权时，首先考虑的不应当是如何"处置"受教育者，而应当是这样处置是否合法、是否会侵犯教育者的权利，真正将受教育者作为一个平等的法律主体来对待。这才是我们需要的一种符合时代发展要求、体现现代法制意识的教育理念。

高校学生管理工作的法制化需要管理者法律意识的提高。高校管理者具有良好的法律意识是严格依法办事的重要前提，它可以促使管理者在依法行使自己管理职权的过程中，尊重和保护学生的法定权利，避免对学生的侵权。高校应该通过进行法学理论方面的专门化培训、敦促管理者自学等方式，培养管理者的法律意识，尤其是民主思想、平等观念、公正精神、法制理念等，从而自觉用法律法规来规范自己的言行，在管理工作中公正对待学生，尊重学生权利。同时，外聘一些专职司法工作者，组成学生法律援助组织和仲裁机构，并与司法部门建立联系，协同接受各类申诉，立案处理一些案件，形成法制化的育人环境。

随着高等教育事业的飞速发展，20年前制定的法规不可能完全符合现在的形势。加之新的法律法规不断出台，法律法规"打架"的事在高等教育领域也屡见不鲜。因此，教育领域的法律法规如果不进行相应修改以适应社会的发展，一旦学生告学校，学校自认为合理的事可能也会败诉。

目前，教育配套立法严重滞后。以实施《高等教育法》的配套立法为例，《高等教育法》在一些条款中留有授权性的规定，如"按照国家有关规定""依法"等，但是在实施中这些"国家有关规定"，行为所依之"法"的制定并没有及时跟上，导致实践中行为主体因没有统一、明确、具体的实体性和程序性规范而各行其是。其次，现有规范漏洞较多。现有规范的用语不够严谨，对已有的法律、法规、规章及规范性文件的清理和修订不及时，明显的法律漏洞和缺陷得不到及时的清理和修补。以《学位条例》为例，自制定以来，我国高等教育特别是研究生教育发生了深刻而巨大的变化，而《学位条例》却未能根据客观形势的变化而作相应的必要的修改、补充和完善，因而管理中出现的一些问题不能得到及时规范或纠正。如很多学校制定的内部规定中有诸如"研究生在读期间必须在核心刊物上发表两篇以上论文的才允许答辩"等，有些条款的漏洞、用语的模糊与不确定在实践中日益显现，这在"刘燕文案"中也有体现。再次，由于行政管理的需要，不具有立法权限的机关，尤其是地方教育行政主管部门制定有大量的规范性文件。虽然这些规范性文件在教育行政管理中必不可少，但是与法律、法规和规章相抵触的现象较为普遍。

最好的方式是由最高权力机关——全国人民代表大会或其常委会以法律的形式加以设定，制定统一的《学生法》《学位法》《教师法》《高校教师聘任办法》等，明确高校的处分权必须在法律、行政法规、地方性法规和规章的范围内进行，高校不能自行设定处分的条件、范围、种类。国家法律对高校处分权特别是高校自治规章的监督应当采取预防性的监督方式，在高校自治规章生效之前，事先审查其是否违法。在高校处分权领域，国家监督应当通过对高校自治规章的核准许可制度进行。

与此同时，还应加强高等教育法律理论的研究，加快高等教育立法以及及时清理不适应时代要求的高等教育管理类法律、法规的步伐，解决目前我国高等教育无法可依和法律、法规严重落后于时代发展要求的现状。可喜的是，有关部门已经注意到教育管理类法律、法规、规章滞后于时代要求的问题并正着手予以解决。如《中华人民共和国民办教育促进法》已出台，该法的出台，使我国民办高等教育长期以来无法可依的历史已宣告结束。

（二）建立正当的管理程序是实现高校学生管理模式法治化的关键所在

在具体的管理行为中，实现法治化的重中之重在于程序，实现了程序的法制也就实现了管理行为的法治化。这就要求，在处分学生时要及时将处分意见送达本人，确保学生的知情权不受侵犯；建立听证制度，充分保证学生的知情权；建立申诉机制，使学生有一个为自己辩护的机会；建立司法救济机制，保障学生的合法权益。

正当程序原则可以追溯到英国普通法传统中的"自然正义"原则。正当程序的越本要求是：任何人不能作为自己案件的裁判者，纠纷由独立第三人裁决；作出影响相关人权利义务的决定，特别是对当事人不利的决定时，必须听取利益当事人的意见，给予其陈述、申辩、对质的机会；纠纷的裁断过程中不可偏听偏信，不得单方接触；一切都必须予以公开，保证公正和透明度；在裁决时应尽可能考虑一些比较。

我国法律中并没有关于"正当程序"的条文规定，正当程序只是作为行政法的原则和理念存在。《行政处罚法》规定的简易程序、一般程序和听证程序，也不适用于高校学生管理和纪律处分。但是，从司法实践来看，田永诉北京科技大学案实际上已经确立了正当程序的原则。法院的判决书中指出："按退学处理，涉及被处理者的受教育权利，从充分保障当事人权益的原则出发，作出处理决定的单位应当将处理决定直接向被处理者本人宣布、送达，允许被处理若本人提出申辩意见。北京科技大学没有照此办理，忽视当事人的申辩权利，这样的行政处理不具布合法性。"法院在没有任何法律规定的情况下，根据正当程序的要求认定学校程序违法，从而创造性地运用了"正当程序原则"。此后，刘燕文诉北京大学案也应用了正当程序的理念。一审法院的判决认为，"校学位委员会在作出不批准授予刘燕文傅士学位之前，朱听取刘燕文的申辩意见"，"作出决定后，也未将决定向刘燕文实际送达"，即法院认为高校的处理决定存在程序上的瑕疵。也正是因为法院对高校学生管理行为的司法审查，使得高校不得不在学生管理过程中考虑程序的正当性，从而引起教育界和学术界对于高校学生管理过程中正当程序的关注。可以说，司法审查是高校在学生管理过程中适用正当程序的最大推动力。

从保障学生权利和维护学生剪严的角度来看，正当程序有利于保障学生的权利，特别是涉及学生的基本权利时更是如此。高校学生管理过程中的正当程序是对学生权利保障的基本要求，没荷正当程序，受教育者在学校中的"机会均等"就难以实现，其"请求权""选择权""知情权"就难以得到保障和维护。另外，如果仅仅从工具性价值来理解正当程序的话，那就贬低了正当程序的价值。程序不能只是达成实体正义的手段，程序具有自身独立的价值。正当程序的内在价值有两个方面：一是对人作为人应当具有的尊严的承认和尊重，即尊重个人尊严；二是正当程序包含了"最低限度公正"的基本理念，即某些程序的因素在一个法律过程中是基本的、不可缺少的，否则，人们会因此感到程序是不公正的、不可接受的。在很长的一段时期内，高校和学生的关系具有强烈的特别权力关系的色彩，学生只是消极的被管理者，高校与学生之间的地位是不平等的。在这种情况下，正当程序是没有必要存在的。随着我国实施依法治国方略，全面推进依法治教，高校学生管理必须法治化。民主法治的发展和人权保障的要求，将特别权力关系纳入司法审查的范围，既符合正当程序原则，也成为限制特别权力的基本原则之一。因此，在高校学生管理过程中引入正当程序，是对学生人格尊严的尊重。

从现有法律、法规和立法趋势来看，高校学生管理过程中适用正当程序也是必然的。《普通高等学校学生管理规定》第六十四条规定："处理结论要同本人见面，允许本人申辩、申诉和保留不同意见。对本人的申诉，学校有责任进行复查。"这实际上已经具备了正当程序的一些因素。《教育法》还规定，学生对学校给予的处分不服，有向有关部门提出申诉的权利。尽管申诉制度在立法上的规定十分粗糙，在现实中并没有充分实行，但毕竟在立法上已确立了这项制度。目前，教育领域的法律、法规、规章及其他规范性文件对程序的规定相当薄弱，这也使得高校在学生管理过程中缺乏充分的程序观念。程序上的不规范，在一定程度上影响和限制了学生的权利，也不利于高校学生管理的顺利进行。

在我国，高校学生管理中正当程序的适用范围应大于司法审查的范围，即属于司法审查之外的高校管理行为也应该适用正当程序。有学者认为，学校对学生所做的管理行为中，可以起诉的事项主要有如下几类：违反法律的规定，侵害或限制学生宪法上基本权利的行为；足以改变学生身份的处分或决定（录取、勒令退学、开除等）；对学生权益影响重大的其他处分（不予核发毕业证、学位证等行为严重影响学生的权益，与学生的就业、发展息息相关）。为了实现维持学校正常的教学目的的功能，学生对学校的日常作息管理行为，一般纪律处分行为，涉及学生的品行考核、成绩评定、论文评定等高度人性化判断的行为一般不得提起诉讼。当然，勒令退学、开除学籍、不颁发毕业证、不授予学位等行为较一般的纪律处分要严重得多，对学生的影响也大得多，但是决不能以影响结果小为由而随意为之，因此，一般的纪律处分也应该适用正当程序。

（三）建立科学的学生管理评价体系和多元化的学生权益救济机制是实现高校学生管理法治化的重要保障

高校对学生的规范约束，主要依据是法律标准。特别是在学生处分问题上，道德品质评价不能作为处分学生的依据。在对学生进行处分时，要就事论事，事实清楚、程序正当、依据明确、定性准确。在此问题上，我们要改变既往惯常对问题学生进行处分的教育管理模式，发挥思想政治工作的优势，在处分前要注重对学生思想和行为规范不良倾向的引导和疏导，在处分中要加强对学生的思想教育，调动学生主体的自我教育功能，引导学生强化个人和社会责任感，处分后要做好后续的管理和服务，给予学生更多的人性化关怀。通过把思想教育"软件"与刚性管理"硬件"密切结合，营造良好的育人环境。另外，一直以来衡量高校学生管理工作好坏的重要标准是管理效率的高低，对公平、正义的维护则显得不够。确立科学的学生管理评价体系就是不仅要实现"管住人"，还要"管好人"，以德服人，以理服人，维护学生的正当合法权益。

学校对学生的严重处分，不是对学生宪法上受教育权的剥夺，而仅仅是对该学生在一个特定教育机构接受教育过程的终止，不涉及学生宪法权利的保障，因此，在构建不服处分的救济制度上，不需要考虑宪法上的救济即宪法诉讼或其他违宪审查方式的问题，但是要考虑高校对学生的管理，在很大程度上具有行政管理的味道，法律、法规、规章对高校行政处分权的行使规定了严格的条件。行政处分的法定性特征，具有对行政处分实施普通法律上救济的条件。就高等学校行政处分纠纷案件而言，行政诉讼和包括教育行政复议、学生申诉制度、教育仲裁制度、调解制度等在内的非诉讼机制都是学生可以利用的权益救济方式。建立多元化的学生权益救济机制，既是以法治校的重要体现，又是避免学校陷入司法审查陷阱的必要手段。

参考文献

[1] 王文婷. 高校学生事务管理理论与实践探究[M]. 北京: 中国纺织出版社，2018.

[2] 陈强. 国际学生教育管理实务[M]. 天津: 天津大学出版社，2015.

[3] 郑航. 班级管理与学生指导[M]. 北京: 北京师范大学出版社，2011.

[4] 盖晓芬. 现代高等职业院校学生管理模式[M]. 杭州: 浙江大学出版社，2010.

[5] 童文胜. 高校学生事务管理工作典型案例评析[M]. 武汉: 华中科技大学出版社，2017.

[6] 顾明远. 学校学生管理运作全书[M]. 北京: 开明出版社，1995.

[7] 顾翔. 大学生管理[M]. 上海: 华东师范大学出版社，1998.

[8] 李正军. 高校学生管理工作概论[M]. 保定: 河北大学出版社，2002.

[9] 张锦高. 高等学校学生管理工作的理论与实践[M]. 北京: 中国地质大学出版社，1997.

[10] 张书明. 社会工作视野下的大学生事务管理[M]. 济南: 山东大学出版社，2007.

[11] 蔡国春. 中美高校学生事务管理模式比较研究[M]. 青岛: 青岛海洋大学出版社，2007.

[12] 国家教委学生司. 高校学生管理研究与实践[M]. 北京: 北京师范大学出版社，1992.

[13] 蒋国勇. 大学生自主管理研究[M]. 北京: 华龄出版社，2007.

[14] 黄希庭. 当代中国大学生心理特点与教育[M]. 上海: 上海教育出版社，1998.

[15] 陈立民，高校辅导员理论与实务[M]. 北京: 中国言实出版社，2006.

[16] 蔡国春. 中美高校学生事务管理模式比较研究[M]. 青岛: 青岛海洋大学出版社，2007.

[17] 冯刚，赵锋.走进英国高校学生事务管理[M]. 中国人民大学出版社，2008.

[18] 吴穹，许开立.安全管理学[M]. 北京: 煤炭工业出版社，2002.

[19] 毛海峰. 现代安全管理理论与务实[M]. 北京: 首都经济贸易大学出版社，2000.

[20] 孙洪昌，等.大学生安全教育读本[M]. 桂林: 广西师范大学出版社，2002.

[21] 萧宗六. 学校管理学[M]. 北京: 人民教育出版社，2005.

[22] 李文利. 从稀缺走向充足——高等教育的需求与供给研究[M]. 北京: 教育科学出版社，2008.

[23] 张民选. 理想与抉择——大学生资助政策的国际比较[M]. 北京: 人民教育出版社，1997.

[24] 吴庆. 公平述求与贫困治理——中国城市贫困大学生群体现状与社会救助政策[M]. 北京: 社会科学文献出版社，2005.

[25] 罗开元. 大学生就业简论[M]. 北京: 中国人民公安大学出版社，2003.

[26] 杨加陆，方青云. 管理创新[M]. 上海: 复旦大学出版社，2003.

[27] 张正钊. 行政法与行政诉讼法[M]. 北京. 中国人民大学出版社，1999.

[28] 姜尔岚，吴成国. 新编大学生就业实用指导[M]. 成都: 电子科技大学出版社，2004.

[29] 王宏伟. 以人为本的高校学生管理工作探究[J]. 办公室业务，2016(19).

[30] 杨洁，方小玉. 互联网时代高校学生工作的创新与实践[J]. 北京邮电大学学报，2010(2).

[31] 张璐. 用教育信息化促进高校学生管理工作的发展[J]. 中国市场，2013(9).

[32] 顾亚莉. 高校学生管理工作面临的问题与对策研究[J]. 经营管理.

[33] 陈丹红. 大数据时代高校学生工作创新探究[J]. 教育教学论坛，2018(35): 13–14.

[34] 陈锦山. 高校学生事务管理模式的建构——评《高校学生事务管理模式创新》[J]. 新闻与写作，2017(6): 3.

[35] 陈少雄，宋欢. "三大创新"推动高校学生思想政治教育工作化无形为有形[J]. 高教探索，2018(8): 104–106.

[36] 董玲娟. 新媒体视角下对大学生心理健康教育的创新——评《大学生心理健康教育(第4版)》[J]. 新闻爱好者，201S(12).

[37] 范晓，倪婷. 大学生党员教育管理创新探索[J]. 才智，2018(34): 37.

[38] 方雪梅，李杰. 新媒体环境下高职院校核心价值观教育的路径选择[J]. 职业技术教育，2018，39(20): 58–61.

[39] 顾赞，林丹. 高校网络舆情视域下的大学生思想政治教育[J]. 教育与职业，2016(15): 40–42.

[40] 郭军，基于创新能力培养的教学管理改革研究[J]. 湖北函授大学学报，2019，32(4): 3–4.

[41] 郭立场. 新形势下高校学生党支部建设存在的问题及对策探析[J]. 中州学刊，

2019(3): 17–21.

[42] 韩雪青，高静毅. 大学生思想政治教育"主渠道""主阵地"协同育人探究[J]. 学校党建与思想教育，2018(3): 22–24.

[43] 胡玉冰. 浅析互联网背景下高校学生管理问题的创新[J]. 神州，2019(3): 105–107.

[44] 花树洋，程继明. 大数据时代高职院校学生教育管理的现状审视及发展对策[J]. 教育与职业，2019(3): 36–40.

[45] 蒋娟，程志波. "新时代"背景下高校学生管理工作创新研究[J]. 中国成人教育，2017(2): 39–41.

[46] 匡艳丽，郝其宏. 反思与构建：高校创客文化培育的实践路径[J]. 黑龙江高教研究，2018(9): 67–70.

[47] 黎红友. 高校网络舆情传播机制与引导策略研究[J]. 学校党建与思想教育，2018(3): 57–59，

[48] 李国春，部宗娜. 高校学生管理模式创新探究[J]. 才智，2019(11): 132.

[49] 李慧鹏，靳小三. 高校辅导员工作创新的路径探微[J]. 求实，2013，(Z2): 30–31.

[50] 李勤，夏璐. 新时代下高校学生管理工作创新分析[J]. 轻工科技，2018，34(11): 157–158.

[51] 逯妍妍. "互联网+"时代背景下学生管理工作创新分析[J]. 山西青年，2018(17): 182–183.

[52] 潘成清，谭明贤. 基于OBE理念的高校学生教育管理创新路径探究[J]. 学校党建与思想教育，2018(21): 85–87.

[53] 史明艳. 高校学生思想政治工作传媒化问题研究[J]. 黑龙江高教研究，2018(5): 104–106.

[54] 孙天舒. 我国高校学生事务管理研究[J]. 现代经济信息，2018(31): 355，357.

[55] 王斌，杜映锦，张兴博. 高校安全生产工作管理体系的构建与实践[J]. 实验室研究与探索，2018(6): 302–306.

[56] 王仓，孟楠. 思想政治教育的跨学科创新研究[J]. 广西社会科学，2019(4): 184–188.

[57] 王芳. 大数据背景下高校学生管理工作实践模式创新研究中国成人教育，2018(13): 48–51.

[58] 王红. "互联网+"时代大学生社会主义核心价值观培育路径[几华南师范大学学报(社会科学版)，2018(3): 121–125.

[59] 王莹，田晓景. 互联网+背景下高校学生管理工作的问题及创新[J]. 河北北方学院

学报(社会科学版)，2018，34(6): 102–104，114.

[60] 邬小撑，许怡，陈南菲. 高校班集体的模式构建研究[几学校党建与思想教育，2019(5): 47–49.

[61] 肖春梅，郎耀秀，莫鏷. 转型发展背景下地方高校"连贯型"基础教育数学师资人才培养模式的探索[J]. 内蒙古师范大学学报(教育科学版)，2017，30(9): 80–84.

[62] 杨红亮. "互联网+"视阈下高校学生管理工作创新路径分析[J]. 环球市场，2018(24): 272.

[63] 杨华. 高校辅导员管理效能与工作创新研究[J]. 文存阅刊，2019(4): 31.

[64] 杨旸. 网络环境下的大学生价值观探讨——评《互联网效应及大学生的价值取向研究》[J]. 新闻与写作，2018(4): 1.

[65] 姚敦泽. 新媒体视角下高校辅导员职业认同机制的构建与创新研究——评《高校辅导员职业化研究》[J]. 新闻爱好者，2018(5): 16.

[66] 野苏民. 高校学生管理工作的信息化建设探究[J]. 现代营销(经营版)，2019(5): 222.

[67] 于冰筠，杨金娥，李莲. 研究型实验室管理工作的探索与实践[J]. 实验室研究与探索，2015，34(5): 234–237.

[68] 张蓓，盘思桃，吴宝姝. 基于ERC理论的研究生科研创新能力激励因素研究[J]. 高等农业教育，2019(1): 113–119.

[69] 张继延，焦洁庆. 高校学生公寓大学生自我管理之我见[J]. 学校党建与思想教育(高教版)，2014(9): 74–75.

[70] 张帅，凌飞，杨波涛. 新媒体时代大学生思想政治教育研究[J]. 产业与科技论坛，2018，17(17): 170–171.

[71] 周敏. 大学生社交网络行为特点及教育对策[J]. 学校党建与思想教育，2017(24): 53–55.

[72] 朱晓琳. 多维发力: 高校思想政治理论课学生考核评价体系创新研究——以华北科技学院为例[J]. 学校党建与思想教育，2018(16): 28–30.

[73] 庄丽. 最佳人力资源管理模式在高校组织绩效评价中的应用[J]. 黑龙江高教研究，2019(4): 47–51.

[74] 杨丹伟. 谈高校艺术类设计专业学生管理中存在的问题[J]. 青年文学家. 2013(30).

[75] 肖冬梅. 基于心理契约的高校学生管理[J]. 经营管理者，2014(15).

[76] 王宏伟. 以人为本的高校学生管理工作探究[J]. 办公室业务，2016(19).

[77] 亓志学，胡晓华. 导入企业文化元素推行企业5S管理创新学生管理工作模式[J].

浙江工贸职业技术学院学报，2010(3).

[78] 熊龙雨. 移动互联网环境下大学生思想政治教育研究[D]. 华中科技大学，2012.

[79] 张璐. 用教育信息化促进高校学生管理工作的发展[J]. 中国市场，2013(9): 123–124.

[80] 顾亚莉. 高校学生管理工作面临的问题与对策研究[J]. 经营管理者，2016(27).

[81] 郑全蕾. 论新媒体时代高校学生管理工作的创新[J]. 西部素质教育，2015(8): 15.

[82] 陈晓娟. 高校辅导员学生管理工作能力的培养[J]，产业与科技论坛，2014(15).

[83] 丁明. 从学生管理的视角探讨诚信教育长效机制建设[J]. 南宁职业技术学院学报. 2016(05).

[84] 王宜娜. 浅析互联网+的学生管理工作新思考. 北极光. 2015(91).

[85] 王涛. 当代高校学生管理面临的问题及对策[J]. 东方企业文化，2014(18).

[86] 姚娟，陆永平. 汇聚学校全员育人合力彰显高校学生工作特色[J]. 黑河学刊，2016(6).

[87] 高小阳. 关于互联网时代高校学生管理工作的思考[J]. 西部素质教育，2015(9): 10.

[88] 董英俊. 互联网新媒体环境下高校学生管理工作的新思考[J]. 长春教育学院学报，2013(10): 111–112.

[89] 阚海祥. 以人为本的高职院校学生管理工作模式分析[J]. 佳木斯职业学院学报，2016(7).

[90] 杨丹伟. "以人为本"的学生管理创新研究[J]. 北极光，2015.

[91] 杨洁，方小玉. 互联网时代高校学生工作的创新与实践[J]. 北京邮电大学学报: 社会科学版，2010(2): 11–13.

[92] 史建芳. 浅谈大学生的情绪管理[J]. 科教导刊，2018(35): 161–163.